AF220093

Impressum
Verlag: BABADADA GmbH, Nedderfeld 112 , 22529 Hamburg
Geschäftsführer / Verlagsleitung: Harald Hof
Druck: Books on Demand GmbH, In de Tarpen 42, 22848 Norderstedt

Imprint
Publisher: BABADADA GmbH, Nedderfeld 112 , 22529 Hamburg, Germany
Managing Director / Publishing direction: Harald Hof
Print: Books on Demand GmbH, In de Tarpen 42, 22848 Norderstedt, Germany

School

学校

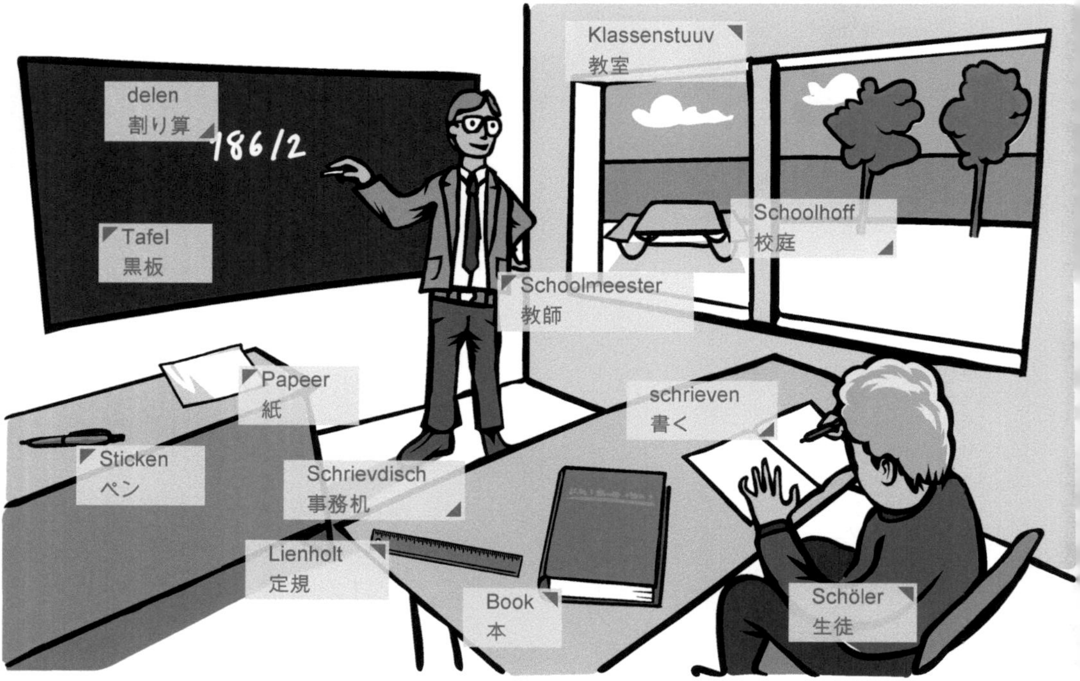
Klassenstuuv
教室
delen
割り算
186/2
Tafel
黒板
Schoolhoff
校庭
Schoolmeester
教師
Papeer
紙
schrieven
書く
Sticken
ペン
Schrievdisch
事務机
Lienholt
定規
Book
本
Schöler
生徒

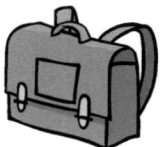

Ranzel

ランドセル

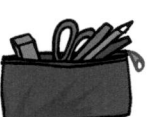

Feddermapp

筆入れ

Bleesticken

鉛筆

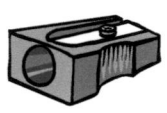

Scharpmaker

鉛筆削り

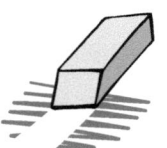

Radeergummi

消しゴム

Tekenblock

スケッチブック

Teken

スケッチ

Pinsel

絵筆

Malkassen

絵の具箱

Scheer

はさみ

Klever

接着剤

Heft to'n Öven

練習帳

Huusopgaav

宿題

12

Tall

数

2+2

tohooptellen

足し算

5-2

aftrecken

引き算

2×2

malnehmen

かけ算

reken

計算する

A

Bookstaav

文字

ABCDEFG
HIJKLMN
OPQRSTU
VWXYZ

ABC

アルファベット

Woort

単語

School - 学校

Text
テキスト

lesen
読む

Kried
チョーク

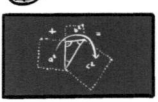
Stunn
授業

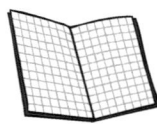
Klassenbook
学級日誌

Pröven
試験

Tüügnis
通知表

Schooluniform
制服

Utbillen
教育

Nakieksel
百科事典

Universität
大学

Mikroskop
顕微鏡

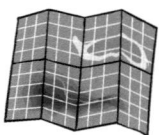
Koort
地図

Papeerkorf
ごみ箱

Törn
旅行

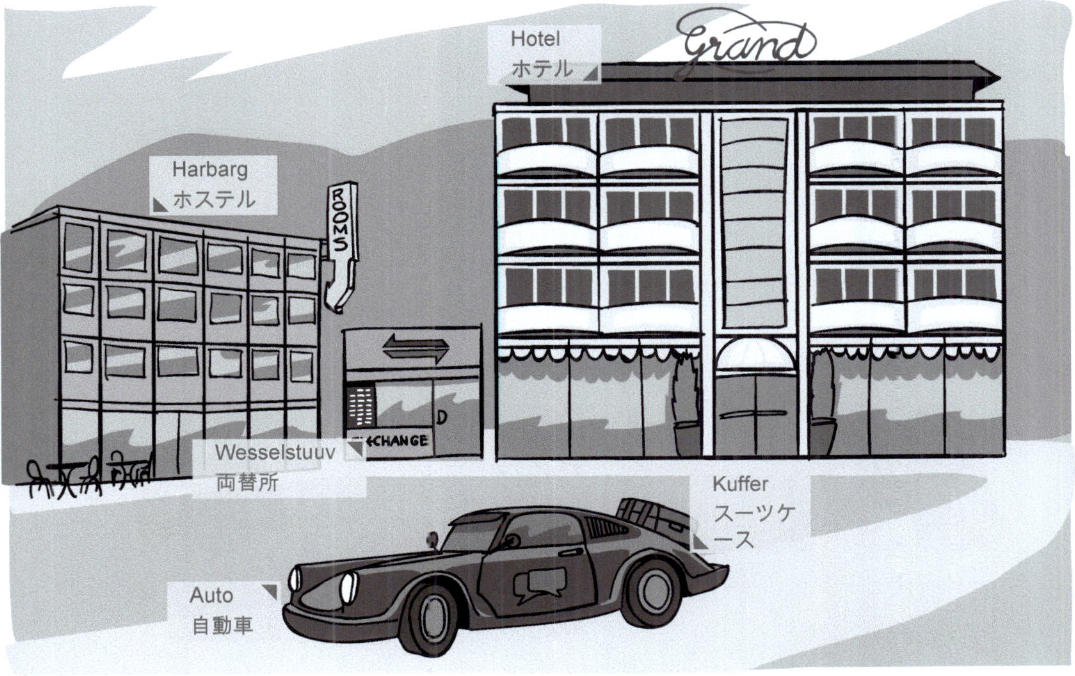

Hotel
ホテル
Grand
Harbarg
ホステル
ROOMS
Wesselstuuv
両替所
EXCHANGE
Kuffer
スーツケース
Auto
自動車

Spraak

言語

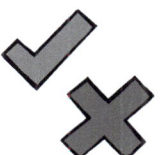

jo / ne

はい / いいえ

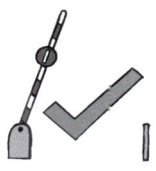

Jo

問題ない

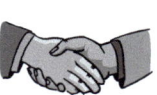

Moin

ハロー

Översetter

翻訳者

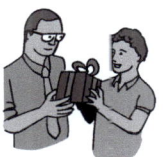

Dank ok

ありがとう

Wat kost…?

…はいくらですか？

Ik verstah nich

わかりません

Problem

問題

Goden Avend

こんばんは！

Moin!

おはようございます！

Gode Nacht!

おやすみなさい！

Tschüüs

さようなら

Richt

方向

Bagaasch

手荷物

Tasch

バッグ

Rüchsack

リュックサック

Gast

お客様

Stuuv

部屋

Slaapsack

寝袋

Telt

テント

Tcuristeninformatschoon

旅行者情報

Strand

ビーチ

Kreditkoort

クレジットカード

Fröhstück

朝食

Meddageten

昼食

Avendeten

夕食

Fohrkort

チケット

Fohrstohl

エレベーター

Breefmark

スタンプ

Grenz

境界

Toll

税関

Bottschop

大使館

Visum

ビザ

Pass

パスポート

Transport
輸送

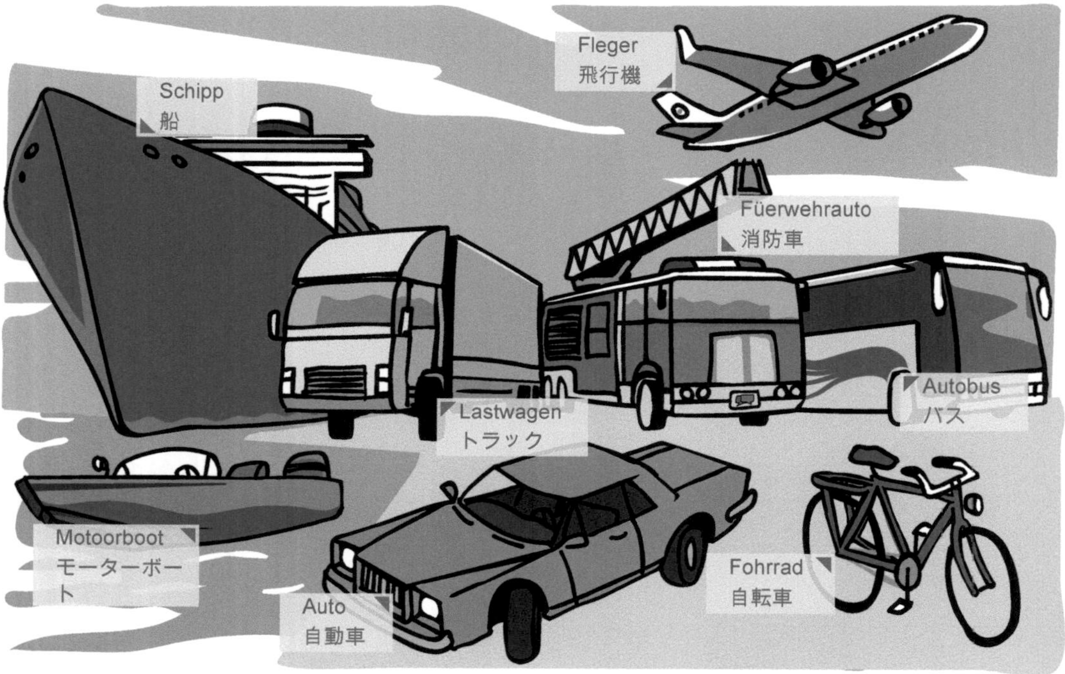
Fleger
飛行機
Schipp
船
Füerwehrauto
消防車
Autobus
バス
Lastwagen
トラック
Motoorboot
モーターボート
Fohrrad
自転車
Auto
自動車

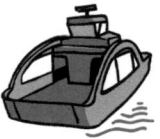

Fähr
フェリー

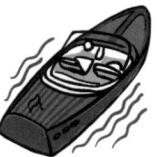

Boot
ボート

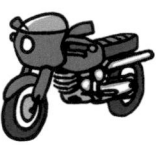

Motoorrad
バイク

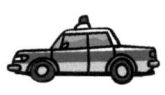

Polizeiauto
パトカー

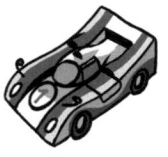

Rönnauto
レーシングカー

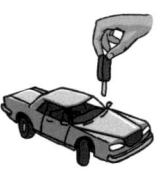

Lehnwagen
レンタカー

Carsharing

カーシェアリング

Afsleepwagen

レッカー車

Müllauto

ごみ収集車

Motoor

モーター

Kraftstoff

燃料

Tanksteed

ガソリンスタンド

Verkehrsschild

交通標識

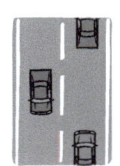

Verkehr

交通

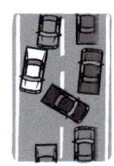

Stau

渋滞

Afstellplatz

駐車場

Bahnhoff

駅

Sporen

道

Tog

列車

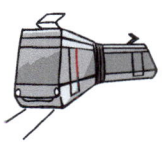

Stratenbahn

路面電車

Wagon

車両

Dwarsmöhl

ヘリコプター

Flooghaven

空港

Tower

タワー

Fohrgast

乗客

Grootkist

コンテナ

Karton

段ボール箱

Koor

カート

Korf

カゴ

starten / lannen

離陸 / 着陸

Stadt

都市

Dörp

村

Binnenstadt

都心

Huus

家

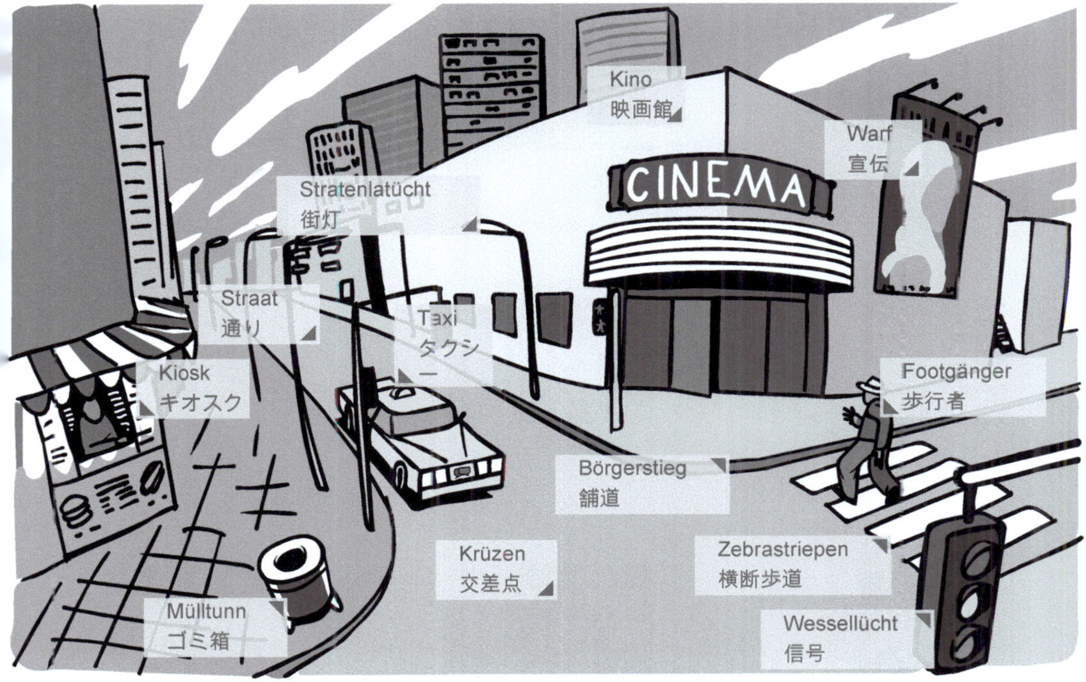
Kino
映画館
Warf
宣伝
CINEMA
Stratenlatücht
街灯
Straat
通り
Taxi
タクシー
Kiosk
キオスク
Footgänger
歩行者
Börgerstieg
舗道
Krüzen
交差点
Zebrastriepen
横断歩道
Mülltunn
ゴミ箱
Wessellücht
信号

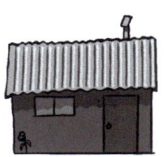

Hütt

小屋

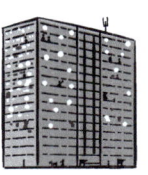

Wahnung

アパート

Bahnhoff

駅

Raathuus

市役所

MUSEUM

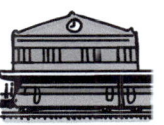

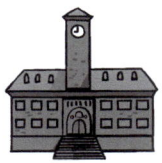

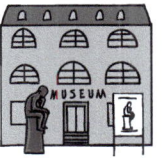

Museum

美術館

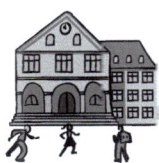

School

学校

Universität

大学

Bank

銀行

Krankenhuus

病院

Hotel

ホテル

Afteek

薬局

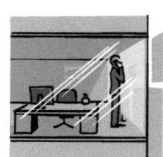

Büro

オフィス

Bookhökerie

書店

Hökerie

ショップ

Blomenhökerie

花屋

Supermarkt

スーパーマーケット

Markt

市場

Koophuus

デパート

Fischhökerie

魚屋

Inkoopszentrum

ショッピングセンター

Haven

港

Parkanlaag

公園

Bank

ベンチ

Brüch

橋

Trepp

階段

Ünnergrundbahn

地下鉄

Tunne

トンネル

Busstoppsteed

バス停

Bar

バー

Spieslokal

レストラン

Breefkassen

ポスト

Stratenschild

道路標識

Parkklock

パーキングメーター

Deertenpark

動物園

Baadanstalt

スイミングプール

Moschee

モスク

Buernhoff

農場

Ümweltversmudden

汚染

Karkhoff

基地

Kark

教会

Speelplatz

遊び場

Tempel

寺

Landschop

風景

Blatt
葉

Wiespahl
道標

Weg
道

Wisch
草地

Steen
石

Boom
木

Wannerer
ハイカー

Fluss
川

Gras
草

Bloom
花

Daal

谷

Barg

山

See

湖

Holt

森

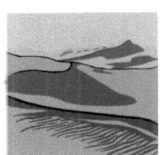

Wööst

砂漠

Füerspien Barg

火山

Slott

城

Regenbagen

虹

Poggenstohl

キノコ

Palm

ヤシの木

Steekmück

蚊

Fleeg

ハエ

Miegeemk

蟻

Imm

ミツバチ

Spinn

クモ

Sebber

カブトムシ

Pogg

蛙

Katteker

リス

Swienegel

ハリネズミ

Haas

ウサギ

Uul

フクロウ

Vagel

鳥

Swaan

白鳥

Wildswien

雄豚

Hirsch

鹿

Elk

ヘラジカ

Staudamm

ダム

Windrad

風カタービン

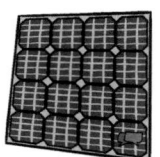

Solarmodul

ソーラーパネル

Klima

気候

Kellner
ウェイター

Spieskoort
メニュー

Stohl
椅子

Supp
スープ

Pizza
ピザ

Bestick
刃物類

Dischdeek
テーブルクロス

Vörspies

前菜

Haupteten

メインコース

Nadisch

デザート

Drünk

飲み物

Eten

食べ物

Buddel

ボトル

Fastfood

ファストフード

Strateneten

屋台の食べ物

Teekann

ティーポット

Zuckerdoos

砂糖入れ

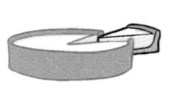

Portschoon

一人前

Espressomaschien

エスプレッソマシン

Hoochstohl

幼児用食事椅子

Reken

請求書

Tablett

トレー

Mess

ナイフ

Gavel

フォーク

Lepel

スプーン

Teelepel

ティースプーン

Munddook

ナプキン

Glas

グラス

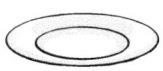

Töller

皿

Suppentöller

スープ皿

Ünnertass

受け皿

Sooß

ソース

Soltstreuer

塩入れ

Pepermöhl

ペッパーミル

Etig

酢

Ööl

油

Krüde

スパイス

Ketchup

ケチャップ

Mostrich

マスタード

Mayonnaise

マヨネーズ

Supermarkt
スーパーマーケット

Anbott
特価品
FOR
Kunn
顧客
Melkprodukten
乳製品
Aaft
果物
Inkoopswagen
ショッピング・
カート

BUTCHERS

Slachterie

肉屋

BAKERY

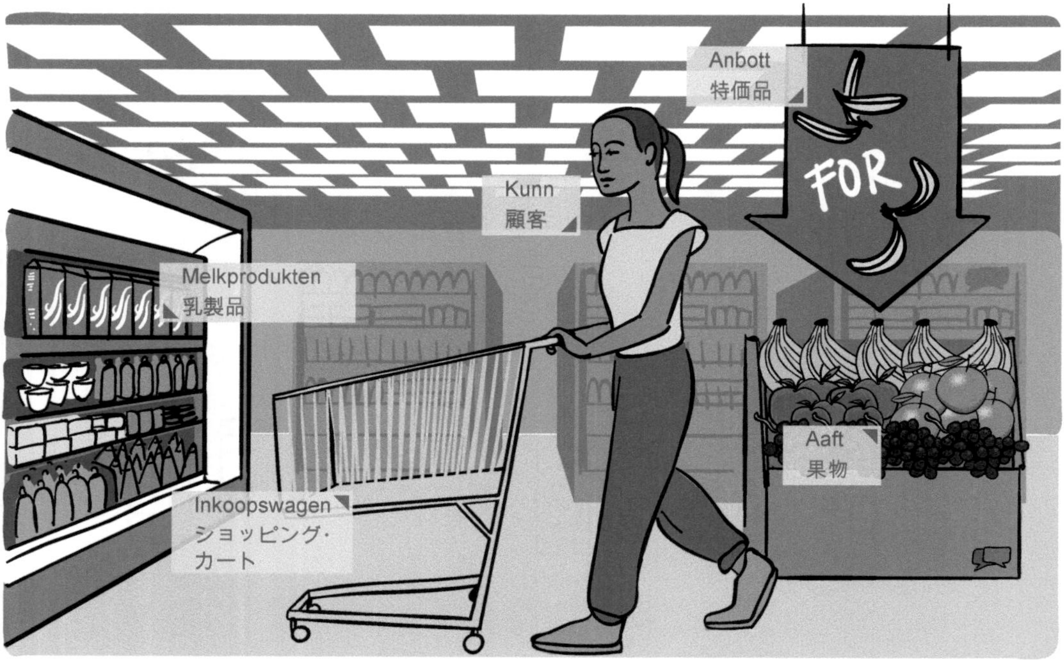

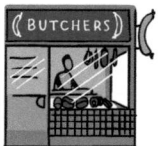

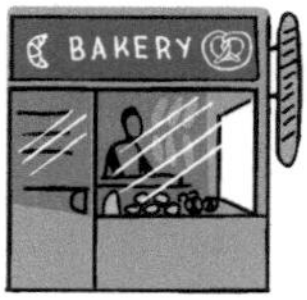

Bäckerie

パン屋

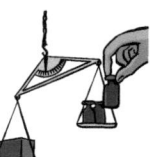

wegen

重さをはかる

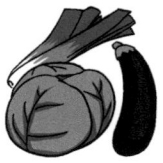

Gröönsaken

野菜

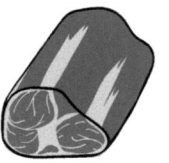

Fleesch

肉

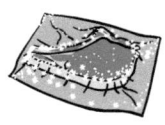

Deepköhlkost

冷凍食品

Opsnitt

冷肉の薄切り

Konserven

缶詰食品

Waschmiddel

洗剤

Snoopkraam

菓子

Huushooltssaken

家庭用品

Reinmaaktüüch

清掃用品

Verköpersche

販売員

Kass

現金箱

Kassere

レジ係

Inkoopslist

買い物リスト

Opsparrtieden

開館時刻

Breeftasch

財布

Kreditkoort

クレジットカード

Tasch

バッグ

Plastiktüüt

ポリ袋

Water
水

Saft
ジュース

Melk
牛乳

Cola
コーラ

Wien
ワイン

Beer
ビール

Spriet
アルコール

Kakao
ココア

Tee
紅茶

Koffie
コーヒー

Espresso
エスプレッソ

Cappucino
カプチーノ

Banaan

バナナ

Appel

リンゴ

Appelsien

オレンジ

Meloon

メロン

Zitroon

レモン

Wöttel

ニンジン

Knuuvlook

ニンニク

Bambus

竹

Zibbel

玉ねぎ

Poggenstohl

キノコ

Nööt

ナッツ

Nude n

ヌードル

Spaghetti

スパゲッティ

Ries

米

Salat

サラダ

Pommes frites

フライドポテト

Braadkantüffeln

フライドポテト

Pizza

ピザ

Hamborger

ハンバーガー

Sandwich

サンドウィッチ

Snitzel

カツレツ

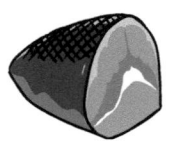

Schinken

ハム

Salami

サラミ

Wust

ソーセージ

Hohn

鶏肉

Braden

焼き

Fisch

魚

Haverflocken

麦のお粥

Müsli

ムーズリ

Cornflakes

コーンフレーク

Mehl

小麦粉

Croissant

クロワッサン

Rundstück

ロールパン

Broot

パン

Toast

トースト

Keksen

ビスケット

Botter

バター

Quark

カッテージチーズ

Koken

ケーキ

Ei

卵

Spegelei

目玉焼き

Kees

チーズ

Ies

アイスクリーム

Zucker

砂糖

Honnig

はちみつ

Marmelaad

ジャム

Nougat-Creme

ヌガークリーム

Curry

カレー

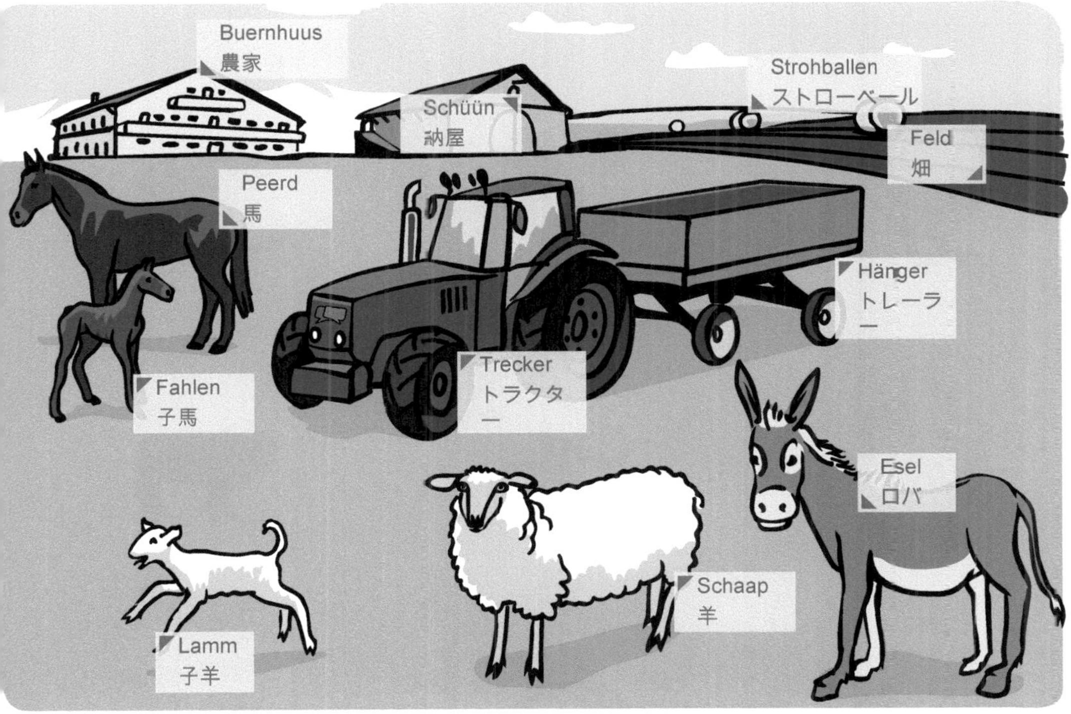

Buernhuus
農家

Strohballen
ストローベール

Schüün
納屋

Feld
畑

Peerd
馬

Hänger
トレーラー

Fahlen
子馬

Trecker
トラクター

Esel
ロバ

Schaap
羊

Lamm
子羊

Zeeg

ヤギ

Koh

雌牛

Kalf

子牛

Swien

豚

Farken

子豚

Bull

雄牛

Goos

ガチョウ

Aant

アヒル

Küken

ひよこ

Hohn

にわとり

Hahn

おんどり

Rott

ネズミ

Katt

猫

Muus

ねずみ

Oss

雄牛

Hund

犬

Hunnenhütt

犬小屋

Goornslauch

散水ホース

Geetkann

じょうろ

Lee

大鎌

Ploog

すき

Sich

草刈り鎌

Hack

くわ

Mestfork

堆肥用フォーク

Ext

斧

Schuufkoor

手押し車

Trog

かいばおけ

Melkkann

牛乳缶

Sack

袋

Tuun

フェンス

Stall

畜舎

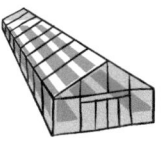

Drievhuus

温室

Bodden

土壌

Saat

種

Dünger

肥料

Meihdöscher

コンバイン

oornen

収穫する

Oorn

収穫

Yamswöttel

ヤマイモ

Weten

小麦

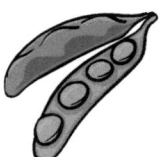

Soja

大豆

Kantüffel

じゃがいも

Törksche Weten

トウモロコシ

Rapp

菜種

Aaftboom

果樹

Troopsch Kantüffel

キャッサバ

Koorn

穀物

Huus

家

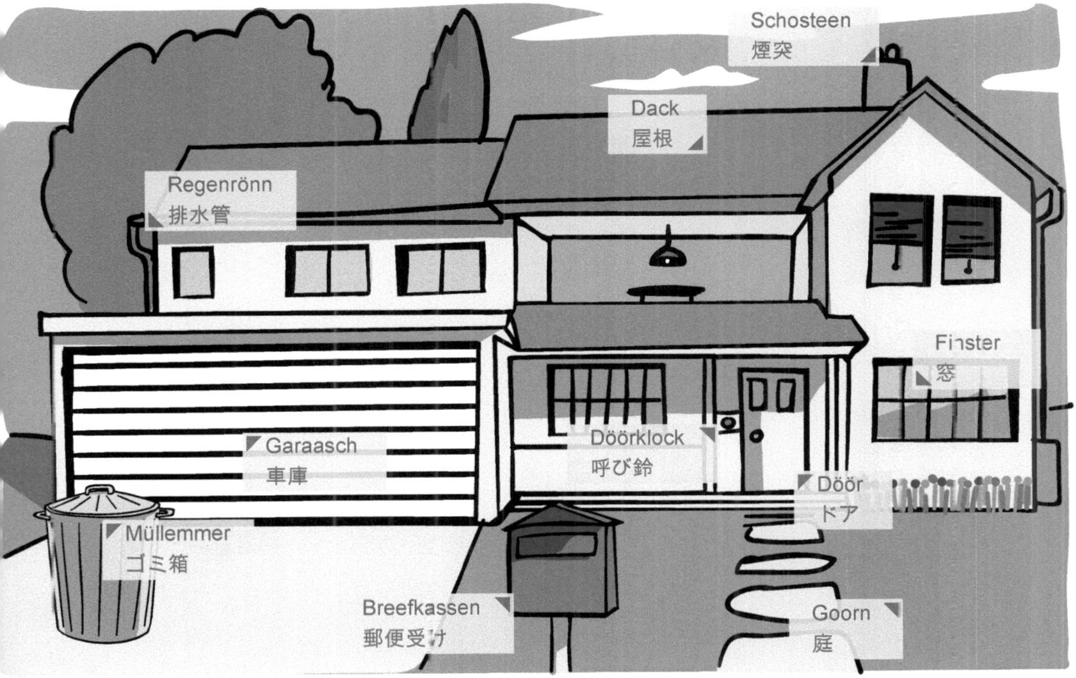

Schosteen
煙突
Dack
屋根
Regenrönn
排水管
Finster
窓
Garaasch
車庫
Döörklock
呼び鈴
Döör
ドア
Müllemmer
ゴミ箱
Breefkassen
郵便受け
Goorn
庭

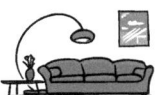

Wahnstuuv

リビングルーム

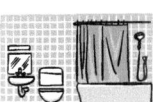

Baadstuuv

浴室

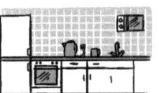

Köök

台所

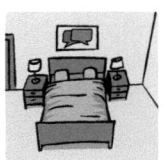

Slaapstuuv

寝室

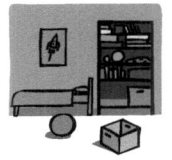

Kinnerstuuv

子供部屋

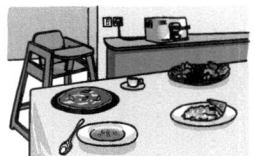

Eetstuuv

ダイニング・ルーム

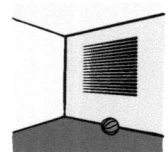

Footbodden

床

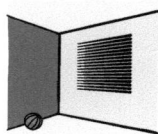

Wand

壁

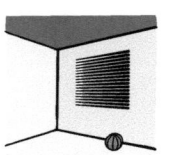

Deek

天井

Keller

地下貯蔵庫

Hittluftbad

サウナ

Balkon

バルコニー

Terrass

テラス

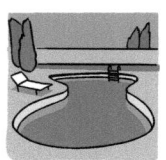

Swümmbad

プール

Rasenmeiher

芝刈り機

Bettbetog

シーツ

Bettdeek

ベッドカバー

Puuch

ベッド

Bessen

ほうき

Emmer

バケツ

Schalter

スイッチ

Wahnstuuv
リビングルーム

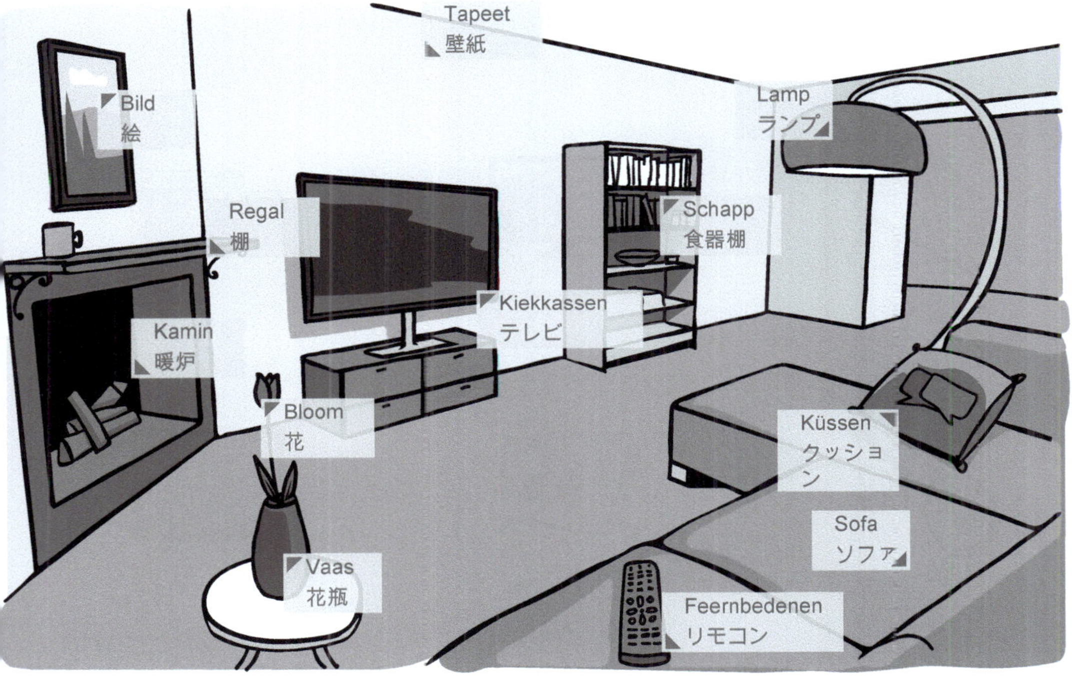

Tapeet
壁紙
Bild
絵
Lamp
ランプ
Regal
棚
Schapp
食器棚
Kiekkassen
テレビ
Kamin
暖炉
Bloom
花
Küssen
クッション
Sofa
ソファ
Vaas
花瓶
Feernbedenen
リモコン

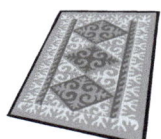

Teppich
カーペット

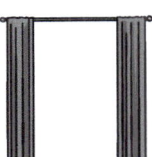

Vörhang
カーテン

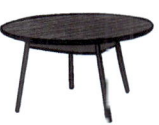

Disch
テーブル

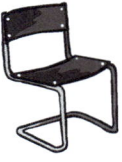

Stohl
椅子

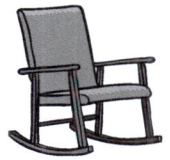

Schuckelstohl
ロッキングチェア

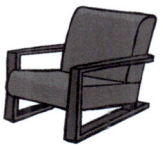

Sessel
ひじ掛け椅子

Book
本

Deek
毛布

Dekoratschoon
飾り

Füerholt
たきぎ

Film
映画

Stereoanlaag
ステレオ

Slötel
鍵

Narichtenblatt
新聞

Gemälde
絵画

Poster
ポスター

Radio
ラジオ

Opschrievblock
メモ帳

Huulbessen
掃除機

Kaktus
サボテン

Kars
ろうそく

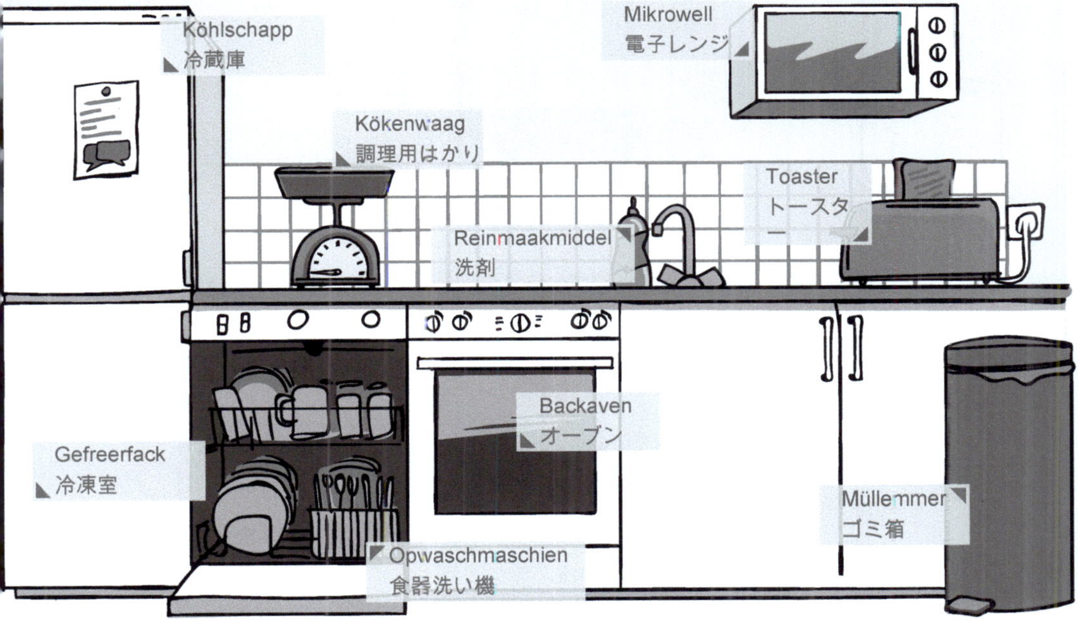

Köhlschapp
冷蔵庫

Mikrowell
電子レンジ

Kökenwaag
調理用はかり

Reinmaakmiddel
洗剤

Toaster
トースター

Gefreerfack
冷凍室

Backaven
オーブン

Müllemmer
ゴミ箱

Opwaschmaschien
食器洗い機

Heerd

こんろ

Pott

鍋

Gussiesern Putt

鉄鍋

Wok / Kadai

中華鍋/ カダイ鍋

Pann

フライパン

Waterkaker

やかん

Dampkaakputt

蒸し器

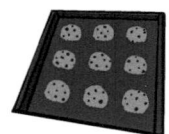

Backblick

天板

Geschirr

食器

Beker

マグカップ

Schaal

ボウル

Eetsticken

箸

Suppenkell

おたま

Pannenwenner

へら

Sneebessen

泡立て器

Kaakseef

こし器

Seef

ふるい

Riev

すりおろし器

Mörser

すり鉢

Grill

バーベキュー

Füerstell

かまど

Sniedbrett

まな板

Nudelholt

麺棒

Proppentrecker

栓抜き

Doos

缶

Dosenaapner

缶切り

Pottlappen

鍋つかみ

Waschbecken

流し

Böst

ブラシ

Swamm

スポンジ

Mixer

ミキサー

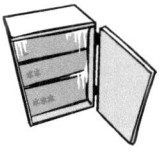

Iesschapp

冷凍庫

Nuckelbuddel

哺乳瓶

Waterhahn

蛇口

Baadstuuv

浴室

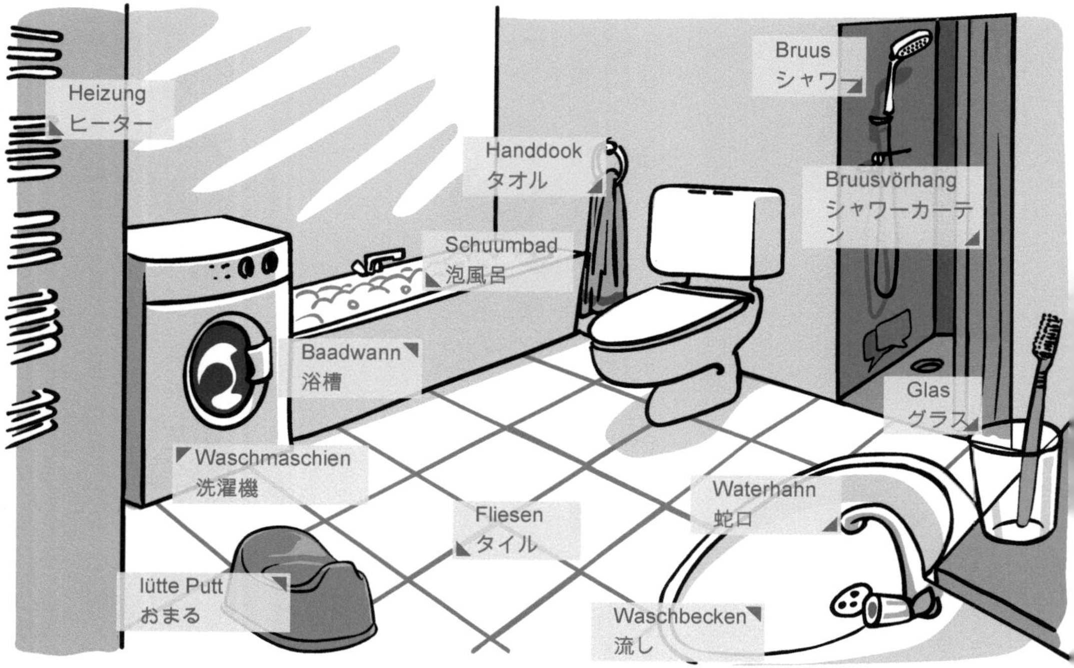

Heizung
ヒーター
Handdook
タオル
Bruus
シャワー
Bruusvörhang
シャワーカーテン
Schuumbad
泡風呂
Baadwann
浴槽
Glas
グラス
Waschmaschien
洗濯機
Waterhahn
蛇口
Fliesen
タイル
lütte Putt
おまる
Waschbecken
流し

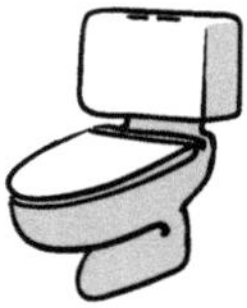

Tante Meier

トイレ

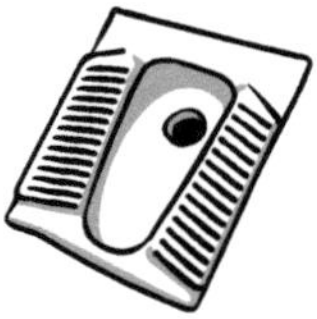

Hockklo

和式トイレ

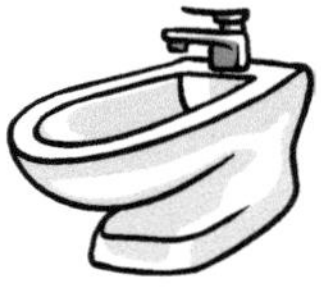

Bidet

ビデ

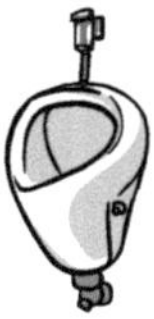

Miegbecken

小便器

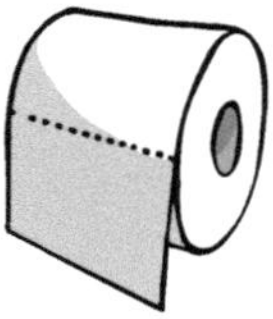

Klopapeer

トイレットペーパー

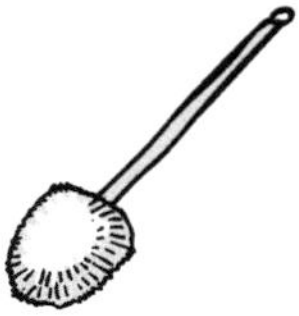

Kloböst

トイレブラシ

Tähnböst

歯ブラシ

Tähnpast

歯みがき

Tähnsied

デンタルフロス

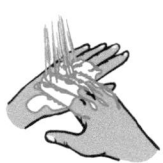

waschen

洗う

Handbruus

シャワーヘッド

Intimbruus

ハンドビデ

Waschschöttel

洗面台

Rüchböst

ボディブラシ

Seep

石鹸

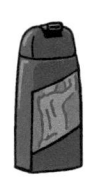

Bruusgeel

シャワー用ジェル

Hoorwaschmiddel

シャンプー

Waschlappen

浴用タオル

Afloop

排水口

Creme

クリーム

Deodorant

消臭

Spegel

鏡

Kosmetikspegel

手鏡

Raserer

かみそり

Raseerschuum

シェービング・フォーム

Raseerwater

アフターシェーブローション

Kamm

櫛

Böst

ブラシ

Hoordröger

ドライヤー

Hoorspray

ヘアスプレー

Smink

化粧

Lippensticken

口紅

Nagellack

マニキュア

Watt

脱脂綿

Nagelscheer

爪切り

Rüükwater

香水

Kulturbüdel

洗面用具入れ

Schemel

スツール

Waag

体重計

Baadmantel

バスローブ

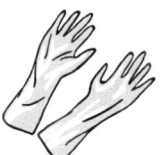

Gummihanschen

ゴム手袋

Tampon

タンポン

Damenbinn

生理用ナプキン

Chemieklo

ケミカルトイレ

Kinnerstuuv

子供部屋

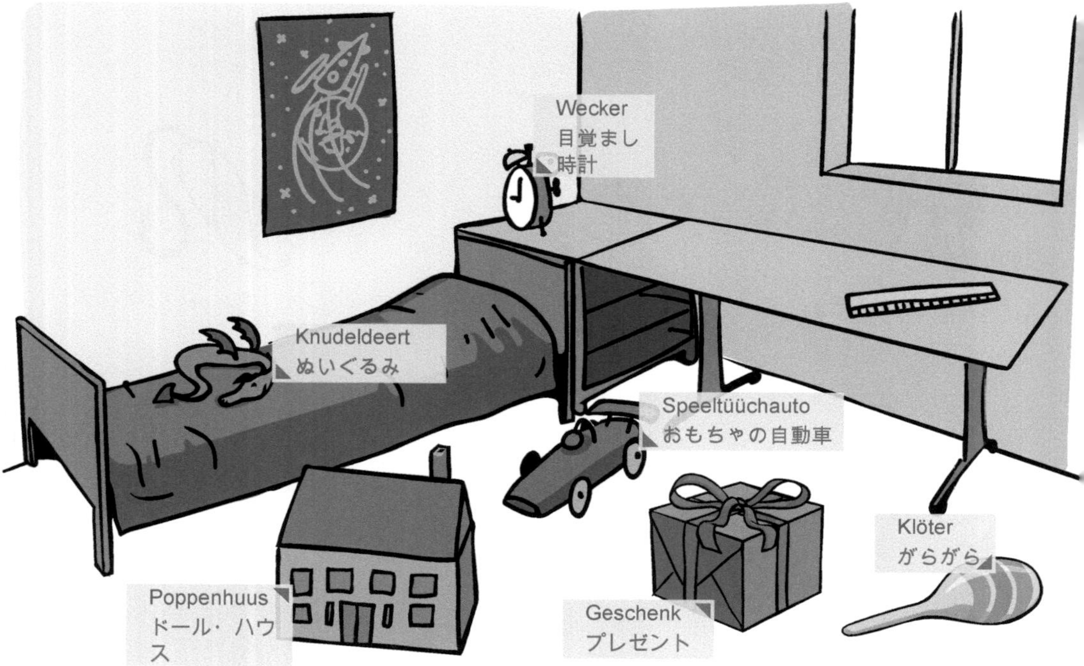

Wecker
目覚まし
時計
Knudeldeert
ぬいぐるみ
Speeltüüchauto
おもちゃの自動車
Klöter
がらがら
Poppenhuus
ドール・ハウ
ス
Geschenk
プレゼント

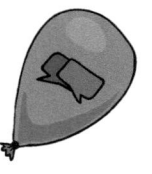

Luftballon

風船

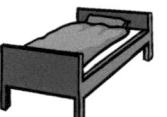

Puuch

ベッド

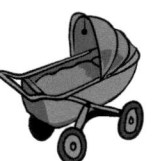

Kinnerwagen

ベビーカー

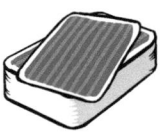

Koortenspeel

カードゲーム

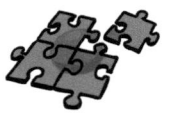

Puzzle

ジグソーパズル

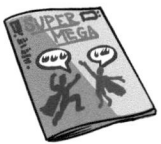

Billergeschicht

漫画

Legostenen

レゴ

Bustenen

玩具ブロック

Action-Figur

アクションフィギュア

Strampelantog

ロンパース

Frisbeeschiev

フリスビー

Mobile

モバイル

Brettspeel

ボードゲーム

Wörpel

さいころ

Modelliesenbahn

鉄道模型

Snuller

おしゃぶり

Party

パーティー

Billerbook

絵本

Ball

ボール

Popp

人形

speler

遊ぶ

Sandkassen

砂場

Schuckel

ブランコ

Speeltüüch

おもちゃ

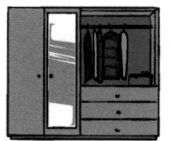

Speelkonsool

ゲーム機

Dreerad

三輪車

Teddyboor

テディベア

Klederschapp

衣装ダンス

Tüüch

衣服

Socken

靴下

Strümp

ストッキング

Strumpbüx

タイツ

Halsdook
スカーフ

Liefreem
ベルト

Paraplü
雨傘

T-Shirt
Tシャツ

Turnschoh
スニーカー

Stevel
ブーツ

Puuschən
スリッパ

Sandalen
. . . .
サンダル

Schoh
. . . .
靴

Gummistevel
. . . .
ゴム長靴

Ünnerbüx
. . . .
パンツ

Bostholler
. . . .
ブラ

Ünnerhemd
. . . .
ベスト

Lief

ボディースーツ

Büx

ズボン

Jeansnüx

ジーンズ

Rock

スカート

Bluus

ブラウス

Hemd

シャツ

Pullover

セーター

Kapuzenpullover

パーカー

Blazer

ブレザー

Jack

ジャケット

Mantel

コート

Övertrecker

レインコート

Kostüm

服装

Kleed

ドレス

Hochtietskleed

ウェディングドレス

Antog

スーツ

Nachtkleed

ナイトガウン

Slaapantog

パジャマ

Sari

サリー

Koppdook

ヘッドスカーフ

Turbar

ターバン

Burka

ブルカ

Kaftan

カフタン

Abaya

アバヤ

Baadantog

水着

Baadbüx

トランクス

Korte Büx

半ズボン

Antog to'n Öven

スウェットスーツ

Schört

エプロン

Handschoh

手袋

Knopp
ボタン

Brill
メガネ

Armband
ブレスレット

Halskeed
ネックレス

Ring
指輪

Ohrbummel
イヤリング

Mütz
帽子

Klederbögel
ハンガー

Hoot
帽子

Binner
ネクタイ

Rietslüter
ファスナー

Helm
ヘルメット

Drachtband
サスペンダー

Schooluniform
制服

Uniform
ユニフォーム

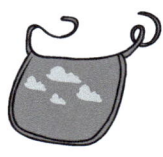

Severböten
よだれかけ

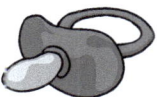

Snuller
おしゃぶり

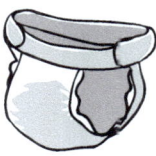

Winnel
おむつ

Büro
オフィス

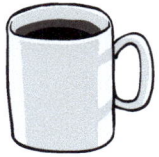

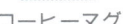

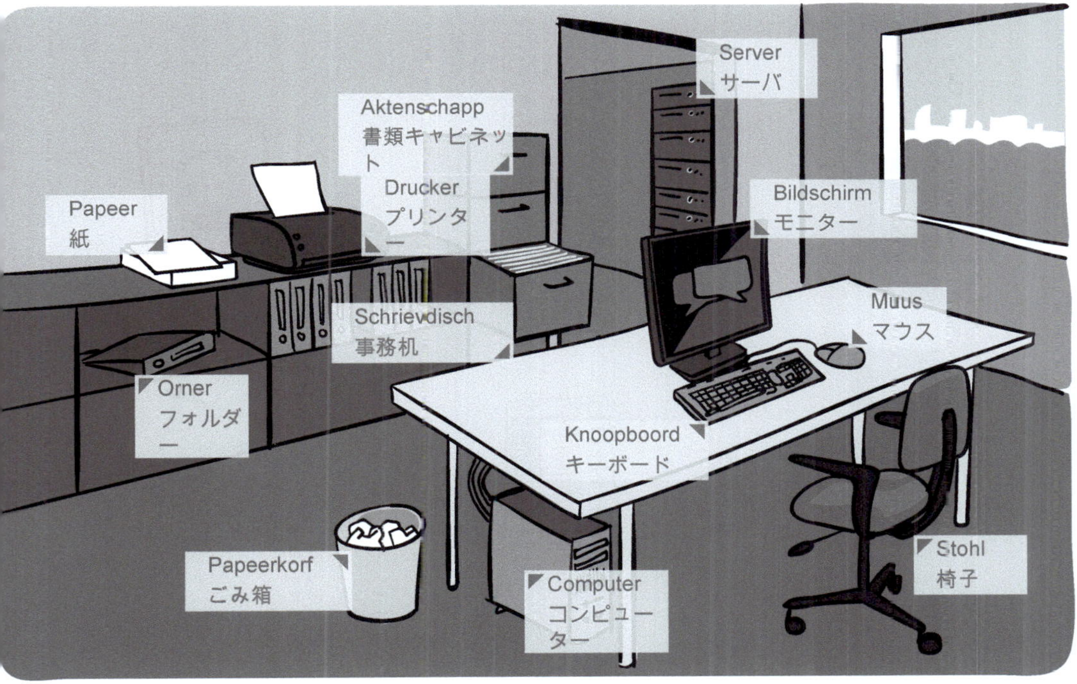

Server
サーバ
Aktenschapp
書類キャビネット
Drucker
プリンター
Papeer
紙
Bildschirm
モニター
Muus
マウス
Schrievdisch
事務机
Orner
フォルダー
Knoopboord
キーボード
Papeerkorf
ごみ箱
Computer
コンピューター
Stohl
椅子

Koffiebeker
コーヒーマグ

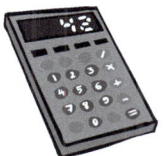

Taschenreekner
計算機

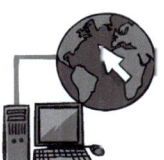

Internet
インターネット

Klappreekner

ラップトップ

Breef

手紙

Naricht

メッセージ

Ackersnacker

携帯電話

Nettwark

ネットワーク

Kopeerapparat

コピー機

Software

ソフトウェア

Klöönkassen

電話

Steekdoos

コンセント

Faxapparat

ファックス

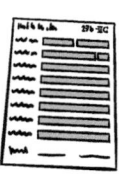

Formulor

フォーム

Dokument

書類

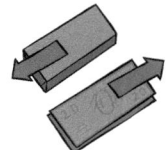

köpen

買う

betahlen

支払う

hanneln

取引する

Geld

お金

Dollar

ドル

Euro

ユーロ

Yen

円

Ruvel

ルーブル

Swiezer Franken

スイスフラン

Renminbi Yuan

人民元

Rupie

ルピー

Geldautomat

キャッシュポイント

Wesselstuuv

両替所

Gold

金

Sülver

銀

Ööl

油

Energie

エネルギー

Pries

価格

Verdrag

契約

Stüer

税金

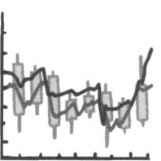

Andeelschien

株

arbeiden

働く

Anstellte

従業員

Arbeitgever

雇用主

Fabrik

工場

Hökerie

ショップ

Wachtmeester
警察官

Füerwehrmann
消防士

Kock
コック

Dokter
医師

Fleger
パイロット

Goorner

庭師

Discher

大工

Neihersche

お針子

Richter

裁判官

Chemiker

化学者

Schauspeler

俳優

Busfohrer

バスの運転手

Taxifohrer

タクシー運転手

Fischer

漁師

Reinmaakfru

掃除婦

Dackdecker

屋根ふき職人

Kellner

ウェイター

Jäger

ハンター

Maler

塗装工

Bäcker

パン屋

Elektriker

電気工

Buarbeider

建設作業員

Ingenieur

エンジニア

Slachter

肉屋

Klempner

配管工

Postbüdel

郵便配達人

Suldat

軍人

Architekt

建築家

Kasserer

レジ係

Florist

花屋

Putzbüdel

美容師

Schaffner

車掌

Mechaniker

機械工

Kaptein

キャプテン

Tähndokter

歯科医

Wetenschopler

科学者

Rabbi

ラビ

Imam

イスラム導師

Mönk

修道士

Paap

牧師

Warktüüch

道具

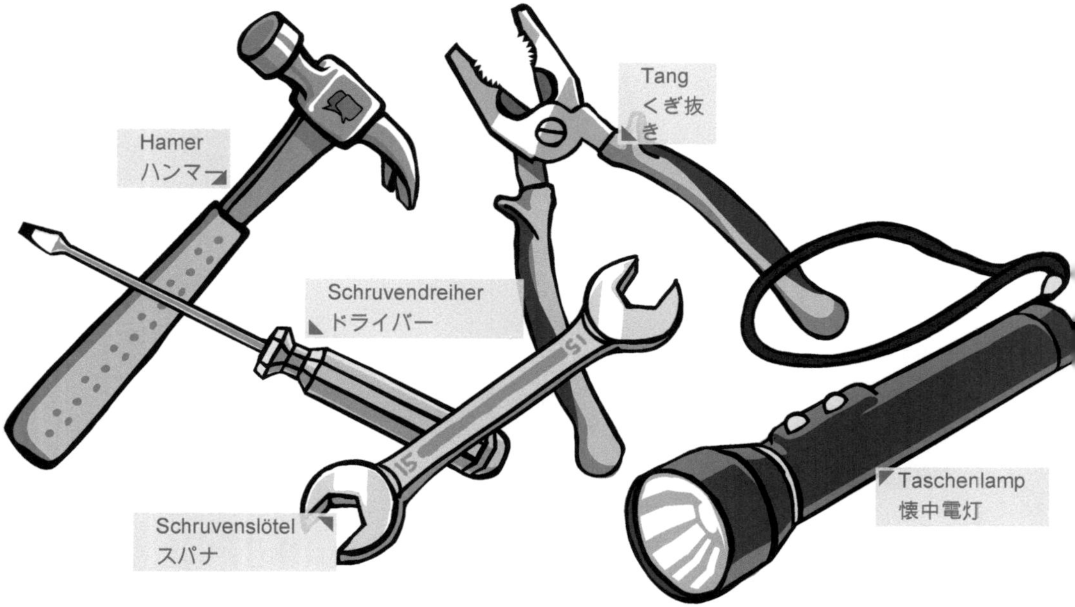

Hamer
ハンマー
Tang
くぎ抜き
Schruvendreiher
ドライバー
Schruvenslötel
スパナ
Taschenlamp
懐中電灯

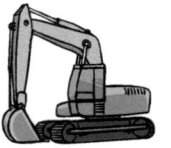

Grieper

掘削機

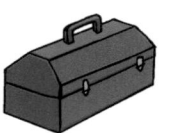

Warktüüchkassen

道具箱

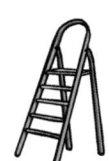

Ledder

はしご

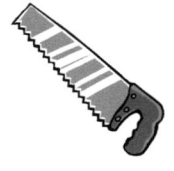

Saag

のこぎり

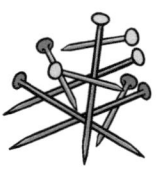

Nagels

釘

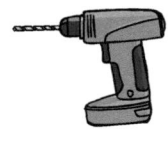

Bohrer

ドリル

heelmaken

修理する

Schüffel

シャベル

Schiet!

クソ！

Kehrblick

ちりとり

Farvpott

ペンキ缶

Schruve

ネジ

Musikinstrumenten

楽器

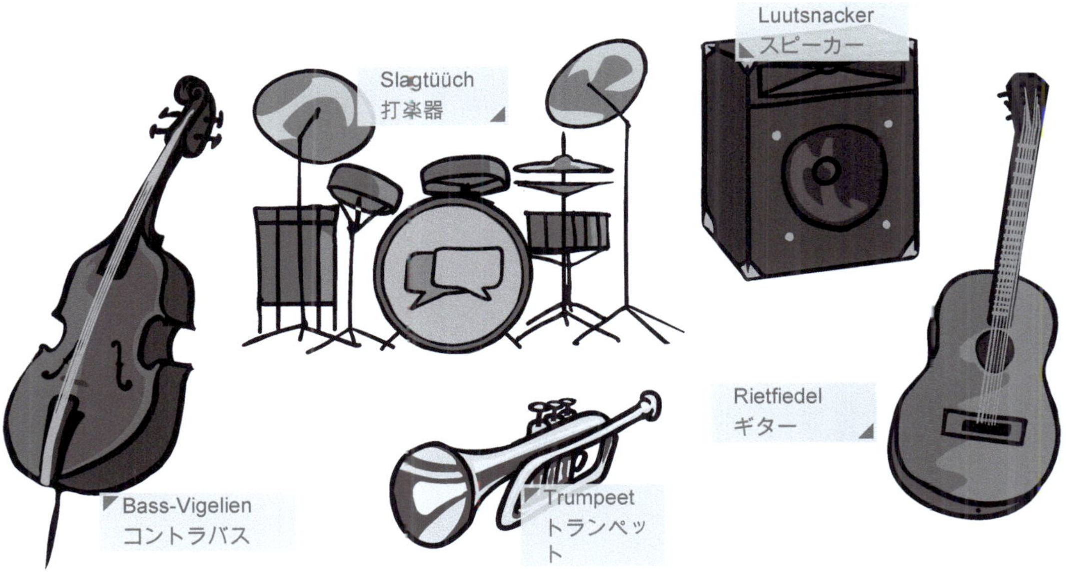

Bass-Vigelien
コントラバス

Slagtüüch
打楽器

Luutsnacker
スピーカー

Rietfiedel
ギター

Trumpeet
トランペット

Klaveer

ピアノ

Vigelien

バイオリン

Bass

バス

Pauk

ティンパニ

Trummeln

ドラム

Keyboard

キーボード

Saxophon

サックス

Fleut

フルート

Mikrofoon

マイクロフォン

Deertenpark
動物園

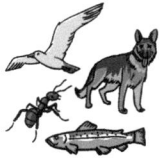

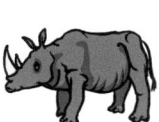

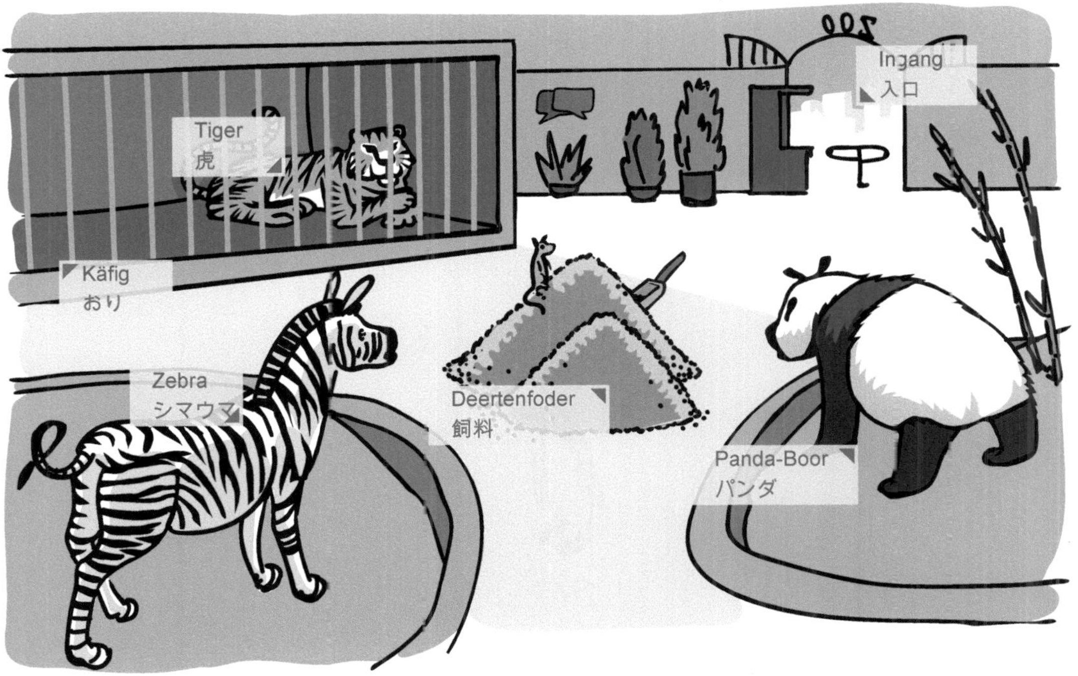
Ingang
入口
Tiger
虎
Käfig
おり
Zebra
シマウマ
Deertenfoder
飼料
Panda-Boor
パンダ

Deerten
動物

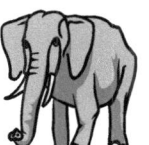

Elefant
象

Känguru
カンガルー

Neeshoorn
サイ

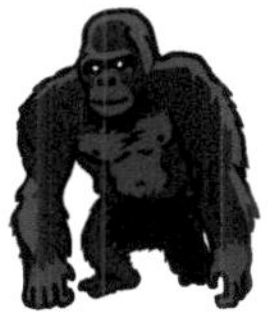

Gorilla
ゴリラ

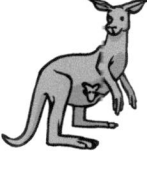

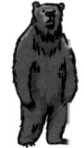

Boor
熊

Kameel

ラクダ

Struuß

ダチョウ

Lööv

ライオン

Aap

猿

Flamingo

フラミンゴ

Papagoi

オウム

Iesboor

白クマ

Pinguin

ペンギン

Haifisch

サメ

Pageluun

クジャク

Slang

蛇

Krokodil

ワニ

Oppasser in'n Deertenpark

飼育係

Saalhund

アザラシ

Jaguor

ジャガー

Pony

ポニー

Leopard

ヒョウ

Nilpeerd

カバ

Giraff

キリン

Aadler

鷲

Wildswien

雄豚

Fisch

魚

Schildkrööt

亀

Walross

セイウチ

Voss

狐

Gazell

ガゼル

Amerikaansch Football
アメフト

Radfohren
サイクリング

Tennis
テニス

Korfball
バスケット
ボール

Swümmen
水泳

Boxen
ボクシン
グ

Ieshockey
アイスホッケ
ー

Football
サッカー

Fedderball
バドミントン

Leichtathletik
陸上競技

Handball
ハンドボール

Skilopen
スキー

Polo
ポロ

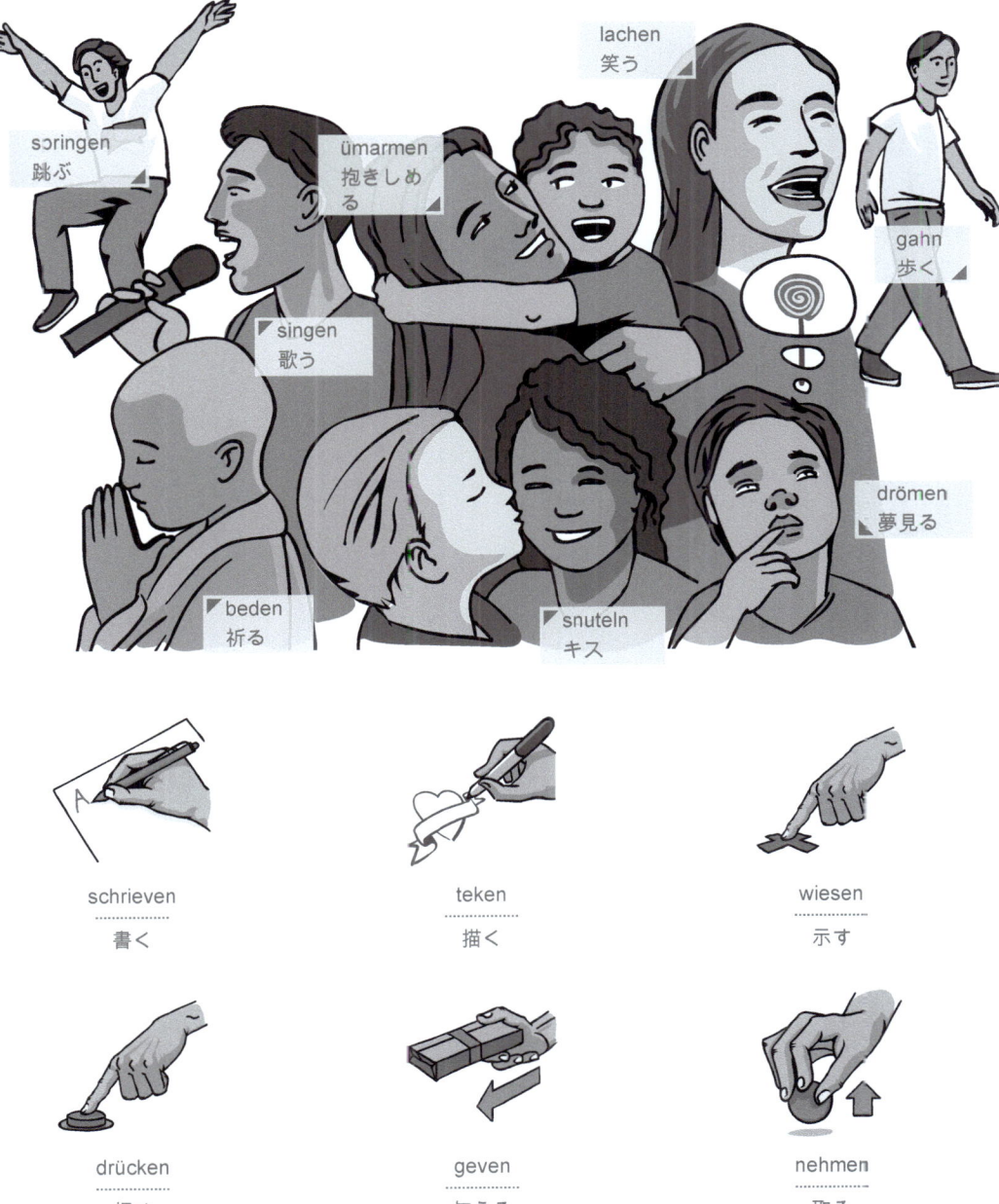

sɔringen
跳ぶ

lachen
笑う

ümarmen
抱きしめる

gahn
歩く

singen
歌う

drömen
夢見る

beden
祈る

snuteln
キス

schrieven

書く

teken

描く

wiesen

示す

drücken

押す

geven

与える

nehmen

取る

hebben

持っている

doon

する

sien

ある

stahn

立つ

lopen

走る

trecken

引く

smieten

投げる

fallen

落ちる

liggen

横たわっている

töven

待つ

dregen

運ぶ

sitten

座る

antrecken

着る

slapen

眠る

opwaken

目が覚める

ankieken

見る

wenen

泣く

eien

なでる

kämmen

櫛ですく

snacken

話す

verstahn

理解する

fragen

質問する

hören

聞く

drinken

飲む

eten

食べる

oprümen

片づける

leefhebben

愛する

kaken

料理する

fohren

運転する

flegen

飛ぶ

segeln

ヨットに乗る

reken

計算する

lesen

読む

lehren

学ぶ

arbeiden

働く

de Plünnen tohoopsmieten

結婚する

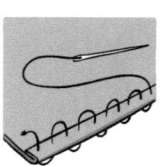

neihen

縫う

Tähnen putzen

歯を磨く

dootmaken

殺す

smöken

喫煙する

schicken

送る

Grootmoder
祖母

Grootvadder
祖父

Vadder
父

Moder
母

Winnelkind
赤ん坊

Dochter
娘

Söhn
息子

Gast

お客様

Tant

おば

Unkel

おじ

Broder

兄弟

Süster

姉妹

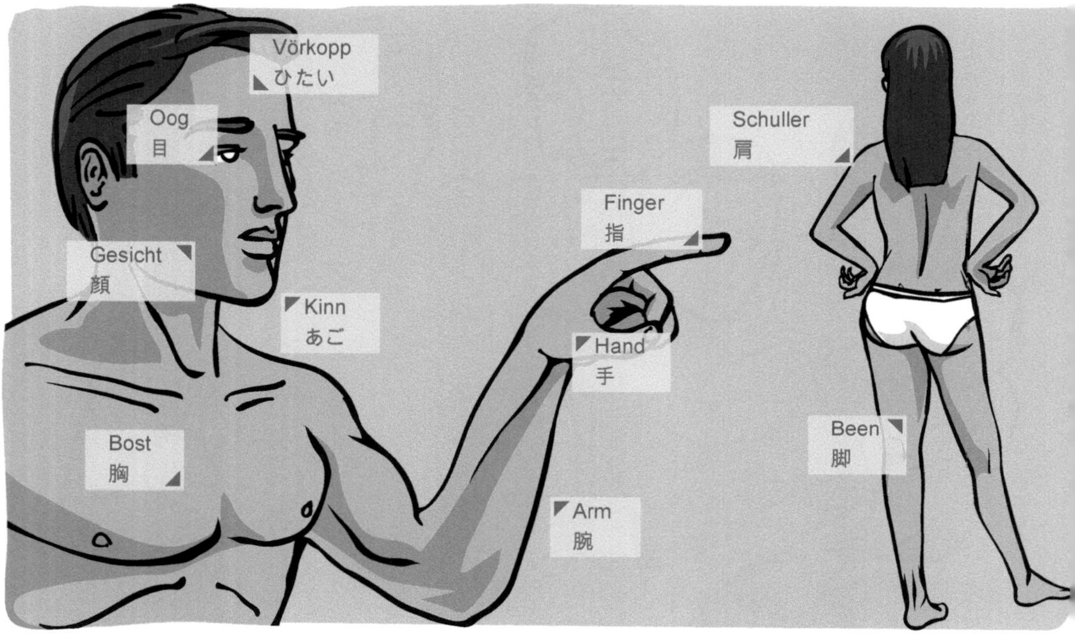

Vörkopp
ひたい

Oog
目

Schuller
肩

Finger
指

Gesicht
顔

Kinn
あご

Hand
手

Bost
胸

Been
脚

Arm
腕

Winnelkind

赤ん坊

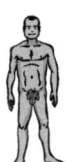

Mann

男性

Fro

女性

Deern

少女

Jung

少年

Arm

頭

Rüch

背中

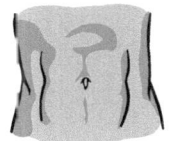

Buuk

腹

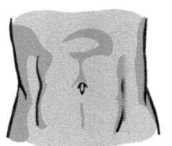

Navel

へそ

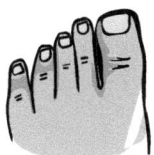

Teh

足指

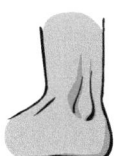

Hack

かかと

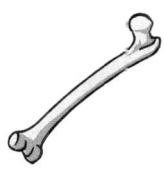

Knaken

骨

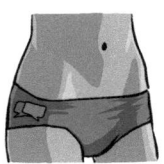

Hüft

腰

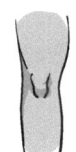

Knee

ひざ

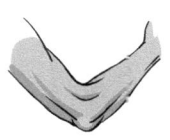

Ellbagen

ひじ

Nees

鼻

Achtersen

尻

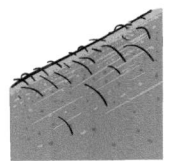

Huut

皮膚

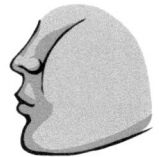

Back

頬

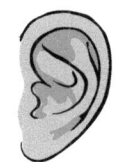

Ohr

耳

Lipp

唇

Mund

口

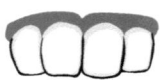

Tähn

歯

Tung

舌

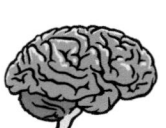

Bregen

脳

Hart

心臓

Muskel

筋肉

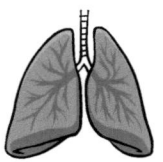

Lung

肺

Lever

肝臓

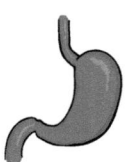

Maag

胃

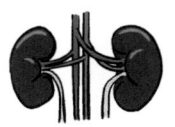

Neren

腎臓

Bislaap

セックス

Kondoom

コンドーム

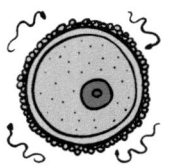

Eizell

卵細胞

Sperma

精液

Anner Ümstänn

妊娠

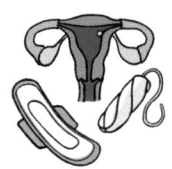

Menstruatschoon

月経

Scheed

膣

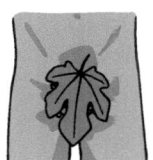

Pint

ペニス

Ogenbroe

眉

Hoor

髪

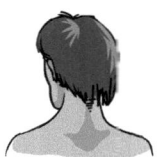

Hals

首

Krankenhuus
病院

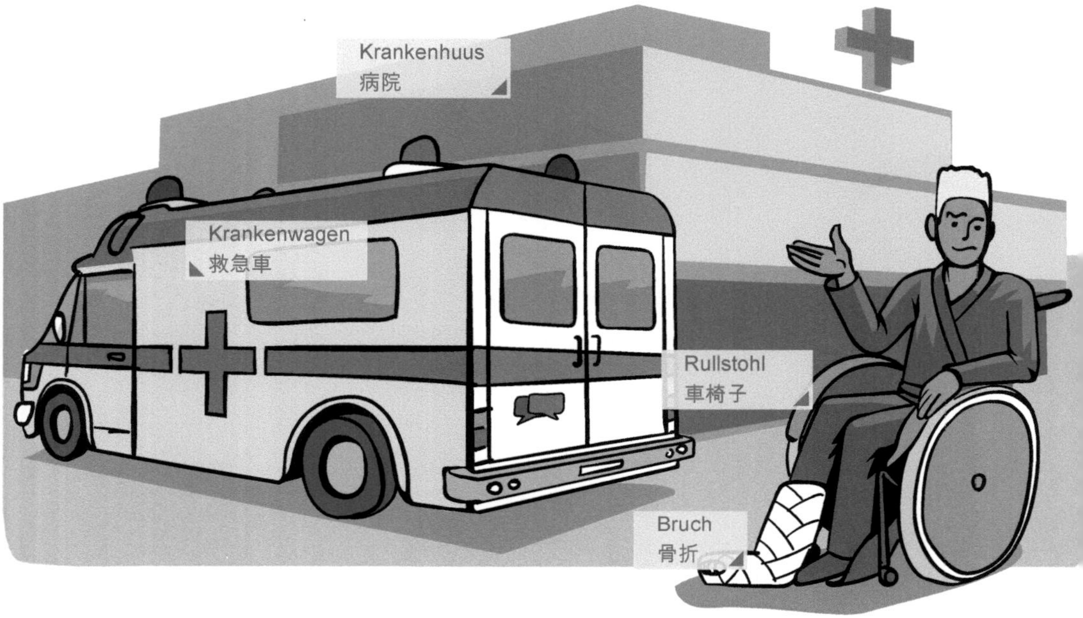

Krankenhuus
病院
Krankenwagen
救急車
Rullstohl
車椅子
Bruch
骨折

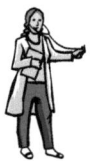

Dokter
医師

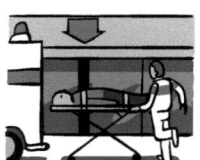

Nootopnahm
救急治療室

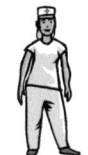

Krankensüster
看護師

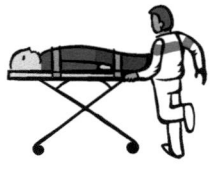

Nootfall
救急

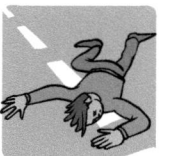

ahnmächtig
失神

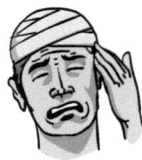

Wehdaag
痛み

Verwunnen

けが

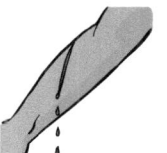

Blöden

出血

Hartinfarkt

心臓発作

Slaganfall

脳卒中

Allergie

アレルギー

Hoosten

咳

Fever

熱

Gripp

インフルエンザ

Dörchfal

下痢

Koppwehdaag

頭痛

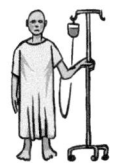

Kreeft

癌

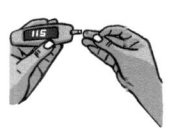

Zuckersüük

糖尿病

Chirurg

外科医

Chirurgsch Mess

外科用メス

Operatschcon

手術

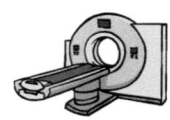

CT

CT

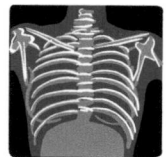

Dörchlüchten

レントゲン

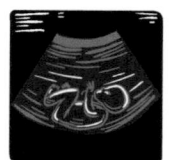

Ultraschall

超音波

Mask

マスク

Krankheit

病気

Töövruum

待合室

Krück

松葉づえ

Plaaster

ばんそうこう

Verband

包帯

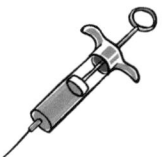

Insprütten

注射

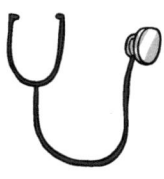

Stethoskop

聴診器

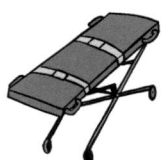

Draag

担架

Feverthermometer

体温計

Geboort

出産

Övergewicht

肥満

Höörapparat

補聴器

Kiemfriemiddel

消毒剤

Ansteker

感染

Virus

ウイルス

HIV / AIDS

HIV / エイズ

Heelmiddel

内服薬

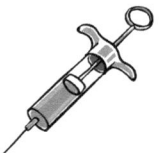

Impen

予防接種

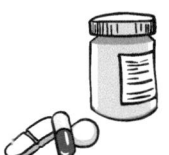

Tabletten

錠剤

Pill

ピル

Nootroop

緊急電話

Blootdruck-Meter

血圧計

krank / gesund

病気の / 健康な

Hölp!

助けて！

Alarm

アラーム

Överfall

暴行

Angreep

攻撃

Gefohr

危険

Nootutgang

非常口

Füer!

火事だ！

Füerlöscher

消火器

Unfall

事故

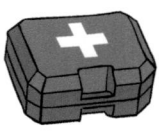

Noothölpkoffer

救急箱

SOS

SOS

Polizei

警察

Europa

ヨーロッパ

Noordamerika

北米

Süüdamer ka

南米

Afrika

アフリカ

Asien

アジア

Australie٦

オーストラリア

Atlantik

大西洋

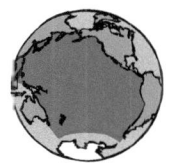

Pazifik

太平洋

Indisch Weltmeer

インド洋

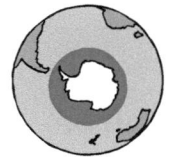

Antarktisch Weltmeer

南極海

Arktisch Weltmeer

北極海

Noordpol

北極

Süüdpol

南極

Antarktis

南極大陸

Eerd

地球

Land

陸

See

海

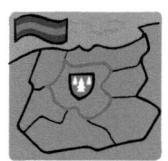

Eiland

島

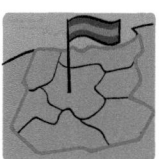

Natschoon

国家

Staat

国家

Tallenblatt

文字盤

Stunnenwieser

短針

Minutenwieser

長針

Sekunnenwieser

秒針

Wo laat is dat?

何時ですか？

Dag

日

Tiet

時間

nu

現在

digetaalsch Klock

デジタル時計

Minuut

分

Stunn

時間

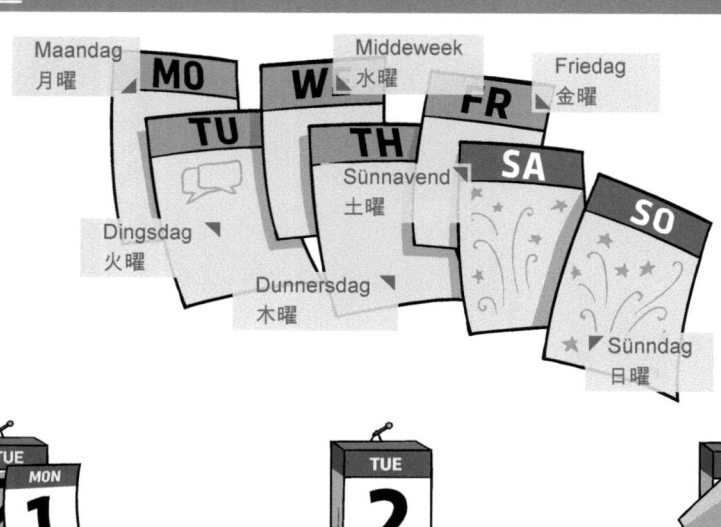

Maandag
月曜

Middeweek
水曜

Friedag
金曜

Dingsdag
火曜

Sünnavend
土曜

Dunnersdag
木曜

Sünndag
日曜

güstern

昨日

hüüt

今日

morgen

明日

Morgen

朝

Meddag

昼

Avend

夜

MO	TU	WE	TH	FR	SA	SU
1	2	3	4	5	6	7
8	9	10	11	12	13	14
15	16	17	18	19	20	21
22	23	24	25	26	27	28
29	30	31	1	2	3	4

Arbeitsdaag

営業日

MO	TU	WE	TH	FR	SA	SU
1	2	3	4	5	6	7
8	9	10	11	12	13	14
15	16	17	18	19	20	21
22	23	24	25	26	27	28
29	30	31	1	2	3	4

Wekenenn

週末

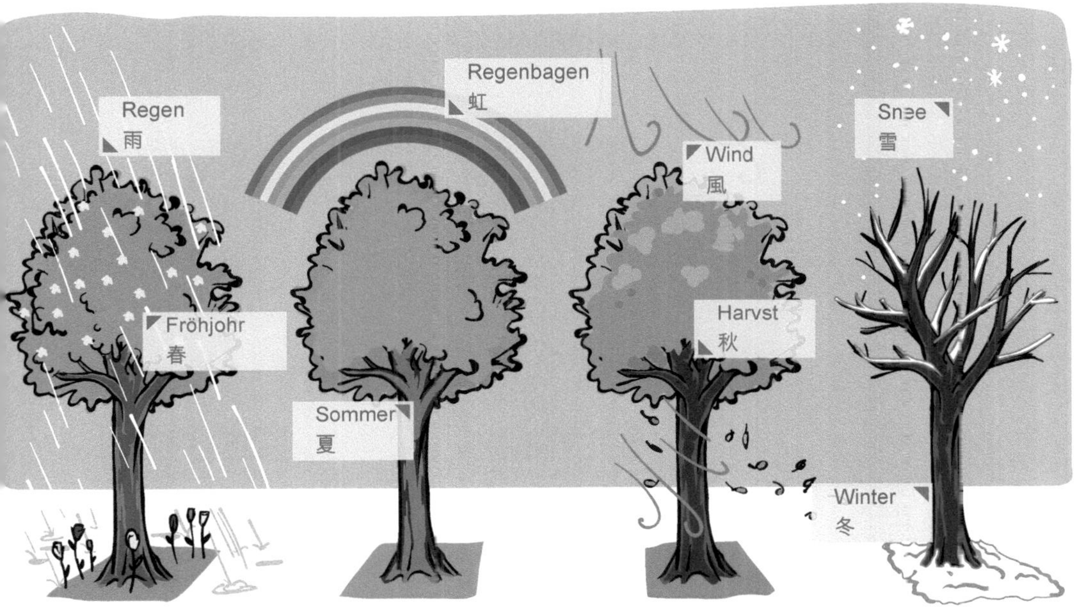

Regen
雨

Regenbagen
虹

Fröhjohr
春

Sommer
夏

Wind
風

Harvst
秋

Snēe
雪

Winter
冬

Wedervörhersaag

天気予報

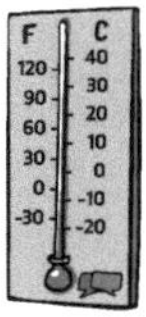

Thermometer

温度計

Sünnenschien

日差し

Wulk

雲

Nevel

霧

Luftfuchtigkeit

湿度

Blitz

雷

Dunner

雷

Storm

嵐

Hagel

ひょう

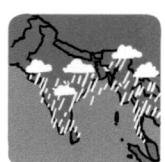

Monsun

季節風

Floot

洪水

Ies

氷

Januormaand

1月

Februormaand

2月

Martmaand

3月

Aprilmaand

4月

Maimaand

5月

Junimaand

6月

Julimaand

7月

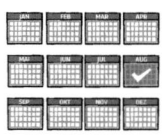

Augustmaand

8月

Septembermaand
....
9月

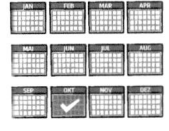

Oktobermaand
....
10月

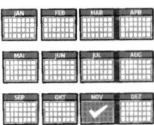

Novembermaand
....
11月

Dezembermaand
....
12月

Formen

形

Krink
....
円

Quadrat
....
正方形

Rechteck
....
長方形

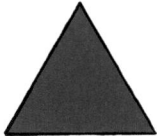

Dreeeck
....
三角

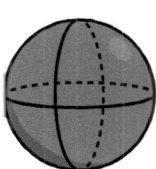

Kugel
....
球

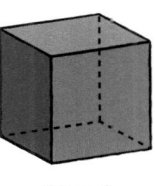

Wörpel
....
立方体

Farven

色

witt

白

geel

黄

orangsch

オレンジ

pink

ピンク

root

赤

lila

紫

blau

青

gröön

緑

bruun

茶

gries

灰色

swart

黒

veel / wenig

多い / 少ない

böös / verdreeglich

怒っている /
落ち着いている

smuck / mies

美しい / 醜い

Begünn / Enn

初め / 終わり

groot / lütt

大きい / 小さい

hell / düüster

明るい / 暗い

Broder / Süster

兄弟 / 姉妹

schier / schietig

清潔な / 汚い

kumpleet / nich kumpleet

完全な / 不完全な

Dag / Nacht

日中 / 夜

doot / lebennig

死んだ / 生きている

breet / small

幅広い / 狭い

geneetbor / nich geneetbor

食べられる /
食べられない

böös / fründlich

悪意のある / 親切な

fickerig / langwielt

興奮している /
退屈している

dick / dünn

太った / 痩せた

toeerst / toletzt

最初に / 最後に

Fründ / Fiend

友人 / 敵

vull / leddig

いっぱいの / 空の

hart / week

硬い / 柔らかい

swoor / licht

重い / 軽い

Smacht / Döst

空腹 / 喉の渇き

krank / gesund

病気の / 健康な

nich na't Recht / na't Recht

違法な / 合法な

klook / dummerhaftig

賢い / 愚かな

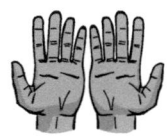

linkerhand / rechterhand

左に / 右に

neeg / feern

近い / 遠い

nieg / bruukt

新しい / 中古の

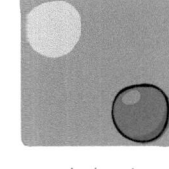

nix / wat

何もない / 何かある

oolt / jung

老いた / 若い

an / ut

オン / オフ

apen / slaten

開いている /
閉まっている

lies / luut

静かな / うるさい

riek / arm

裕福な / 貧乏な

richtig / verkehrt

正しい / 間違っている

ruug / glatt

粗い / なめらか

trurig / glücklich

悲しい / 幸せな

kort / lang

短い / 長い

suutje / flink

ゆっくり / 速い

natt / dröög

濡れた / 乾いた

warm / köhl

温かい / 冷たい

Krieg / Freden

戦争 / 平和

0

null
ゼロ

1

een
1

2

twee
2

3

dree
3

4

veer
4

5

fief
5

6

söss
6

7

söven
7

8

acht
8

9

negen
9

10

teihn
10

11

ölven
11

12

twölf
....
12

13

dörteihn
....
13

14

veerteihn
....
14

15

föffteihn
....
15

16

sössteihn
....
16

17

söventeihn
....
17

18

achtteihn
....
18

19

negenteihn
....
19

20

twintig
....
20

100

hunnert
....
100

1.000

dusend
....
1000

1.000.000

million
....
100万

Engelsch

英語

Amerikaansch Engelsch

アメリカ英語

Chineesch Mandarin

中国標準語

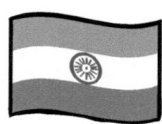

Hindi

ヒンディー語

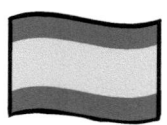

Spaansch

スペイン語

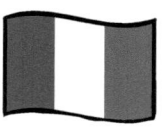

Franzöösch

フランス語

Araabsch

アラビア語

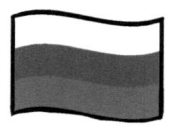

Rusch

ロシア語

Portugiesch

ポルトガル語

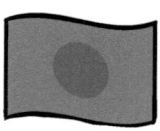

Bengaalsch

ベンガル語

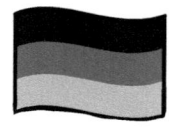

Düütsch

ドイツ語

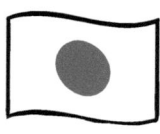

Japaansch

日本語

ik

私

du

あなた

he / se / dat

彼 / 彼女 / それ

wi

私たち

ji

あなたたち

se

彼ら

keen?

誰？

wat?

何？

woans?

どうやって？

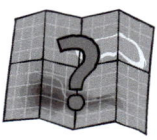

woneem?

どこ？

wannehr?

いつ？

Naam

名前

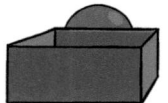

achter

後ろ

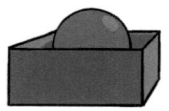

in

中

vör

前

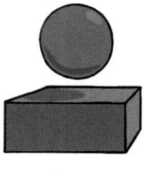

över

上

op

上

ünner

下

blangen

横

twüschen

間

Oort

場所

Matthias Schirm

Du bist wie eine Rose

Lyrische Mystik

© 2023 Claudius M. O. Schirm
Lektorat und Korrekturat: Margret Schirm

Herstellung und Verlag: BoD – Books on Demand, Norderstedt

ISBN: 978-3-7578-3007-6

Folgend 19 Gedichte erscheinen
im Lichte des Nachsehens reichlich deutlich,
ja fast schon plakativ.

Es ist mir dennoch wichtig zu betonen,
dass ihr Kern intuitiv ist
und jener mein eigen Seelenleben
gleich der Flamme eines Dochtes
widerzuspiegeln vermochte -

so wie es vielfach bei vielen von uns
im Leben sein möge.

Die Symbolik trägt Tiefe,
auf dass sie dies nicht in die Irre leite:

Denn ist jene auch nur allzu bekannt,
so wird ihre gewisse Subtilität
doch bisweilen verkannt.

Letztlich ist es dennoch die mir ganz eigene Sicht,
der kurze Einblick in eines Träumers Tanz,
welcher aus reiner Gnade bisweilen etwas
jenseits gewöhnlicher Vorstellung ersehen kann;

Und so hoffe ich, sie begreifen dies ganz:

Lasst euer Licht zum Wohle scheinen,
auf dass es den Pfad erhelle

und zwar weise.

Du bist wie die rote Rose
in der Weite des Sonnenscheins,
im grünen Schimmer der Liebe
die ich begehre zu sehen.

Nach der ich mich sehne -
auf dass ihre Pracht sich
vollends entfaltet.

Nach deren Duft ich mich verzehre,
der Zartheit ihrer Blüte -
wohl gestaltet.

Auf welcher glänzender Tau
sich sammelt -
im weißen Licht glückseliger Reife.

Fortschreitendes Streben,

so wirst du sein:
Lebe!

Ich strebe nach der Rose -
geöffnet Blätter in leuchtendem Rot,
die sich entfaltete
mit lieblicher Pracht
und mich mit ihrer Würde
verzaubert hat.

Sie ist es,
zu der ich mich sehne -
angezogen vom süßen Duft,
der mit sanftem Winde
weit getragen
die Kraft hat
das Herz zu bewegen.

Wenn der Tag hereinbricht,
aus der Nacht erwacht:

Werden
Winde des Lebens -
durch die Sonne des Lebens
entfacht.

Hey,
Wind der Ferne -
in den Gestaden der Zeiten,
wehe zu mir
des Angedenkens Kraft,

auf dass die Muße
meiner Seele
im Guten -

zu neuen Taten
erwacht:

Entfache das Feuer
der wohlherzigen Liebe
des Weisen.

Regentropfen fallen leise
da und dort im Wechsel hin.

Nahe bin ich ihnen ruhend -
des stillen Wandels Sinn.

Im Gelb der Sonne
erstrahlt am Abend

eine Schönheit der Stadt
vom Glanz erleuchtet,

welche selbst die Schatten preisen -

sämtlich hervorheben
in herrlichster Weise -

gleich einem Tanz:
Zur Gänze.

Bedeckt geborgen,

dem Samen gleich,
war ich einst klein -

kein bloßer Stein,
ein Kiesel mehr
im Angesicht.

Dann der Name:
„Lebend sein"
erweckte Dich
wie mich -

dem Meere.

Ein schöner Baum im Sein,
erst groß gewachsen,
ist gar prächtig anzusehen:

Sieh, welch erheben!

Wie seine Blätter rauschen
im Wechselspiel vom Wind -

Blätter, die zusammen bauschen,
voll von Leben.

Äste, die bei bestem Wetter
zum Sonnenscheine
streben -

sich dabei vielfach verzweigen
um dem Lichte Raum zu geben.

Zeiten des Wandels

sind gar wunderlich:

Einem Wasserfall gleich,
zerstäubt im Wind.

Auf dass sich bessere Tage finden -
welche Wachstum bringen.

Die zum guten leiten
und unsere Herzen weiten.

Aufmerksam
streift der Blick umher -

sieht Dies und Das,
vergesslich und sacht.

Bemerkt Vielfalt
in der Einheit Schoß -

wie wundersam
verbleibt dies bloß!

Laufend sich
der Wesen Kraft
auf dem Wege
zur Erkenntnis macht -

und in der Sehnsucht
hellem Schein -

verbleibt die Liebe
nicht lange allein.

Im Sonnenschein
der Tau sich fängt,

auf grünen Wiesen -
glitzernd klar.

Viele Farben
stellt er dar.

Was für eine Sicht:

Im hellen Sonnenschein erstrahlt
erleuchten Blumenfelder -
vom Winde bewegt,

satte Farben gebettet in Wellen
aus Schatten und Licht.

Und aus den Tiefen der See
heraus scheint ein Licht -

nicht zu begreifen,
doch klärender Sicht.

Das in der Tat allein
alles erleuchtet,

selbst in tiefste Schatten fällt -
und letztlich auch jene erhellt.

Zeiten

gleichsam dem Regen
der Stille sind heilsam -

als Balsam
der Seele.

Oh, meines Strebens Zuversicht,
Du strahlende Quelle des Lichts:

Kann ich auch nur ihren
Schein erkennen -

dünkt mir dies besser
als nichts.

Durstend,
in den Tiefen Gedenken versenkt,
umgeben weiter Brandung
der Meere -

steh ich
im Sonnenschein der Wüste,

des Strandes Wirken
für mich alleine.

Als jemand am Rande
von Weisheit -

der selbstvergessen
nicht bemerkt -
wie er
wasserdurchtränkt wird.

Vom tiefen Schwarz des Winters aus
zum grünen Erblühen schnell,
erfolgt ein weißer Wechsel
und alles wird plötzlich hell.

Ana'l-Ḥaqq,[1]

rief ein Liebender -
nicht gewahr,
wo und wer er war.

Bitter war die Weise
der weiten Schar.[2]

Doch Isa[3] besang leise
den Pfad der wahren Reise
mit seinesgleichen wunderbar.

So legt sich Gottes Erbarmen dar.

---

1   Ich bin die ‚Wahrheit'.
2   Um so mehr zu seiner Zeit.
3   Arabische Bezeichnung für Jesus aus Nazareth.

Du bist wie eine Rose:

O Freund!

Nur der Liebe Rose pflanze in deines Herzens Garten und lass nicht ab von der Nachtigall der Zuneigung und der Sehnsucht. Hoch schätze den Umgang mit den Gerechten, und halte dich fern von der Gesellschaft der Frevler.

- Bahá'u'lláh: Verborgene Worte, Persisch 3

„O Meine Kinder!

Ich fürchte, so ihr nicht das Lied der Himmelstaube vernehmt, sinkt ihr in den Schatten völligen Vergessens, und ohne auf der Rose Schönheit zu blicken, kehrt ihr zurück zu Wasser und Staub".

- Bahá'u'lláh: Verborgene Worte, Persisch 13

O Fremdling,
dem Freundschaft erwiesen wird!
Die Kerze deines Herzens ist durch die Hand Meiner Macht entzündet. Verlösche sie nicht durch die widrigen Winde der Selbstsucht und der Leidenschaften. Der Heiler aller deiner Gebrechen ist dein Denken an Mich, vergiss dies nie. Mache Meine Liebe zu deinem Schatz und behüte sie wie dein Augenlicht und dein Leben.

- Bahá'u'lláh: Verborgene Worte, Persisch 32

Die Lampe von deinem Körper ist dein ‚Auge‘. Wenn das ‚Auge‘ von dir {tadellos, einfach, ungeteilt, klar} (haplous) ist, [dann] ist auch all dein Körper scheinend (phōteinon). Wenn es jedoch {schmerzerfüllt, mühsam, bösartig, böse, schlecht} (ponēros) sei, ist auch der Körper von dir [Resultat dieser] ‚Dunkelheit‘ (skoteinon).

Jeshu(a) – Gemäß Lukas 11:34

Dann, wenn der ‚Himmel‘ [öffnend] ‚aufgesplittet‘ wurde und er ‚rosenfarben‘ geworden ist gleichwie von trübem Öl⁴ - so, welche von den Gefälligkeiten deines Herrn werdet ihr beide (Jinn und Menschen) leugnen? Dann: Dieses Tages wird er nicht gefragt ob seiner Sünde; [nicht] jeder Mensch und nicht jeder Verborgene (Jinn). Daher: Welche der Gefälligkeiten eures Herrn werdet ihr beide leugnen?...

- Qur'ān sūrat l-raḥmān 37

Dann kam Jeschu(a) von Gelila herab zum Jurdan zu Juchanan, um sich von ihm untertauchen zu lassen. Aber Juchanan⁵ verbot es ihm und sagte: Ich brauche das untertauchen von dir, und bist du zu mir ge-

---

4   Hart getrocknete und zermahlene Rosen in Öl suspendiert ergeben ein naturtrübes Konzentrat, das dann je nach Rose auch die entsprechende Färbung samt Geruch aufweist. Ob derartige Assoziation hier zutrifft kann ich allerdings nicht beurteilen. Eine echte Pressung von Rosenöl ist regulär dahingehend nicht trüb und weist auch nur leichte Färbungen auf.

5   Sein rituelles untertauchen war ein eintauchen der Umkehr bei Annahme zur Vergebung von Sünde (sūrat l-raḥmān 37).

kommen? Aber Jeschu(a) antwortete und sprach zu ihm: Erlaube es jetzt; denn so kommt es uns zu, alle Gerechtigkeit zu vollbringen. Und dann erlaubte er es ihm. Nachdem nun Jeschu(a) untergetaucht war, unmittelbar ‚aufgestiegen aus dem Wassern‘, erwiesen sich ‚die Himmel‘ für ihn ‚geöffnet‘ und er ‚sah‘ den {Geist, Wind, Atem} Gottes herabsteigen {gleich wie die, als} ‚Taube‘ und auf ihn kommen.

- Jeshu(a): Gemäß Matthäus 3.13 folgend; Peshitta

Wenn der Tag hereinbricht:

Sprich! An diesem Tag wehen die befruchtenden Winde göttlicher Gnade über alles, was erschaffen ist. Jedes Geschöpf erhielt an Möglichkeiten, was ihm gemäß ist. Und doch haben sich die meisten Menschen vor dieser Gnade verschlossen! Jedem Baum wurden die erlesensten Früchte, jedem Meer die funkelndsten Juwelen zuteil. Der Mensch erhielt die Gabe des Verstandes und der Erkenntnis. Die ganze Schöpfung hat die Offenbarung des Allbarmherzigen empfangen, und die Erde ward zur Schatzkammer dessen, was unerforschlich ist für alle außer Gott, der Wahrheit, der um das Ungeschaute weiß. Die Zeit naht, da alles Erschaffene seine Frucht hervorbringt. Verherrlicht sei Gott, der diese Gnade gewährt, die alles umfasst, das Sichtbare wie das Unsichtbare. So haben Wir an diesem Tage alles neu erschaffen, doch die meisten Menschen erkennen es *nicht. Sprich: Die Gnade Gottes kann nie angemessen begriffen werden. Um wie viel weniger kann das Wesen des Helfers in Gefahr, des Selbstbestehenden, erfasst werden.*

- *Bahá'u'lláh: Súratu'l-Haykal 1:47*

Regentropfen fallen leise:

Tatsächlich haben wir dir ‚Öffnung'[6] (fa-taḥnā) ermöglicht. Eine {klare, eindeutige} ‚Öffnung'; auf das Gott für dich vergeben möge was vorausgegangen ist von deiner Sünde und was [daraus] folgte[7], vervollständigen wird seine Gunst auf dir, dich einen geraden Pfad leiten wird; und Gott möge dir helfen, Gott mächtiger Hilfe. Er ist derjenige, welcher innere Ruhe (l-sakīnata) in die Herzen der Gläubigen herab sandte, auf das sie zunehmen mögen an gläubig gesichertem Vertrauen (īmānan) mithin von ihrem gläubig gesicherten Vertrauen (īmānihim); und für Gott sind die Kräfte[8] (junūdu) der ‚Himmel und der Erde'; Gott ist allwissend, allweise.

- *Qur'ān sūrat l-fatḥ 1-4*

---

6 Fataḥnā: Zusätzlich mögliche Dimensionen an Bedeutung: Sieg, Entscheidung, Rechtsspruch.
7 Wie geschrieben steht im Propheten Jesaja: »Siehe, ich sende meinen Boten vor dir her, der deinen Weg bereiten soll«, [sowie] »Es ist eine Stimme eines Predigers in der Wüste: Bereitet den Weg des Herrn, macht seine Steige eben!«; so war Johannes in der Wüste, taufte und predigte die **Taufe der Buße zur Vergebung der Sünden** [Markus 1:2 folgend].
8 Junūdu: Auch übersetzbar als Heerscharen, Truppen, Soldaten, Armeen.

Nehmt auf euch mein Joch und lernt von mir; denn ich bin sanftmütig und von Herzen demütig; so werdet ihr Ruhe finden für eure Seelen. Denn mein Joch ist sanft, und meine Last ist leicht.

- Jeshu(a): Gemäß Matthäus 11.29-30

Meine Seele ist stille zu Gott, der mir hilft.

- Psalm 62.2

Niemand vermag die Küsten des Meeres wahrer Erkenntnis zu erreichen, ehe er sich nicht freimacht von allem im Himmel und auf Erden. Heiligt eure Seelen, o Völker der Welt, auf dass ihr die Stufe erlangt, die Gott euch bestimmt hat, und in das Heiligtum eintretet, das nach dem Walten der Vorsehung am Himmel des Bayán errichtet ward. Das ist der Sinn dieser Worte: Wer auf dem Pfade des Glaubens wandelt, wer nach dem Weine der Gewissheit schmachtet, muss sich läutern von allem, was irdisch ist – sein Ohr von leerem Geschwätz, sein Gemüt von eitlem Trug, sein Herz von der Liebe zur Welt, sein Auge von allem Vergänglichen. Auf Gott muss er bauen, an Ihn sich halten und auf Seinem Wege wandeln. Dann wird er würdig sein, dass ihm in ihrer Glorie die Sonne göttlicher Erkenntnis und Einsicht strahle und er zum Gefäße werde für nie geschaute, unendliche Gnaden. Denn nie darf ein Mensch hoffen, zur Erkenntnis des Allherrlichen zu gelangen, nie kann er vom Strome göttlicher Erkenntnis und

Weisheit trinken, nie kann er in den Wohnsitz der Unsterblichkeit eingehen noch teilhaben am Kelche göttlicher Nähe und Gunst – es sei denn, er lasse davon ab, die Worte und Werke sterblicher Menschen zum Maßstab wahren Erfassens und Erkennens Gottes und Seiner Propheten zu nehmen.

- Bahá'u'lláh:Kitáb-i-Iqán 1:1-2

Im Gelb der Sonne erstrahlt am Abend:

Alles Erschaffene im ganzen All ist nur ein Tor zu Seiner Erkenntnis, ein Zeichen Seiner Herrschaft, eine Offenbarung Seiner Namen, ein Sinnbild Seiner Erhabenheit, ein Beweis Seiner Macht, ein Zugang zu Seinem geraden Pfade.

- Bahá'u'lláh: Ährenlese 82:5

Bedeckt geborgen:

Der Geist ist es, welcher lebendig macht; das niedere, körperliche selbst profitiert nicht; gar nicht. Die Worte, welche ich zu dir gesprochen habe; sie sind Geist und sie sind Leben.

- Jeshu(a): Gemäß Johannes 6:63

...Der wesentliche Zweck von Religion und Glaube ist, das innere Sein des Menschen durch die Ausgießungen himmlischer Gnade zu veredeln...

- 'Lehre von Abdu'l-Bahá:Göttliche Lebenskunst 11:5

O Afnán,

...Gerechtigkeit beklagt an diesem Tage ihren schweren Stand, und Billigkeit stöhnt unter dem Joch der Unterdrückung. Dichte Wolken der Gewalt haben das Antlitz der Erde verfinstert und ihre Völker umhüllt. Durch die Bewegung Unserer Feder der Herrlichkeit haben Wir auf Befehl des allmächtigen Gesetzgebers neues Leben in jede menschliche Hülle gehaucht und frische Kraft in jedes Wort geflößt. Alles Erschaffene verkündet die Beweise dieser weltweiten Erneuerung. Dies ist die größte, die froheste Botschaft, die der Menschheit durch die Feder dieses Unterdrückten übermittelt wurde. Warum fürchtet ihr euch denn, o Meine innig Geliebten? Wer könnte euch erschrecken? Ein Hauch von Feuchtigkeit genügt, um den verhärteten Lehm zu lösen, aus dem dieses verderbte Geschlecht gebildet ist. Die bloße Tat eures Beisammenseins genügt, um die Kräfte dieses eingebildeten, wertlosen Volkes zu zerstreuen.

- Bahá'u'lláh: Ährenlese 43:2

Ihr seid das Salz von der Erde. Wenn jedoch jenes Salz {geschmacklos, nutzlos} wurde, mit was wird es gesalzen sein? Denn zu nichts ist es mehr kraftvoll [geeignet], wenn nicht [sogar] rausgeworfen worden (ei mē blēthen exō), zum niedertreten durch die Menschen (katapateisthai hypo tōn anthrōpōn).

Jeschu(a) gemäß Matthäus 5:13

35

Jeder Einsichtige wird an diesem Tage bereitwillig zugeben, dass die Ratschläge, die die Feder dieses Unterdrückten offenbarte, die höchste Triebkraft für den Fortschritt der Welt und die Erhöhung ihrer Völker enthalten. **Erhebt euch, o Menschen, und entschließt euch durch die Kraft der göttlichen Macht, den Sieg über euer Selbst zu erringen, damit die ganze Welt aus ihrer Hörigkeit vor den Götzen ihrer leeren Einbildungen erlöst werde – Götzen, die ihren erbärmlichen Anbetern so viel Schaden zugefügt haben und für ihr Elend verantwortlich sind. Diese Trugbilder sind das Hindernis, das den Menschen in seinem Bemühen hemmt, auf dem Pfade der Vervollkommnung voranzuschreiten. Wir hegen die Hoffnung, dass die Hand göttlicher Macht der Menschheit ihre Hilfe gewähre und sie aus ihrem Zustand schmerzlicher Erniedrigung befreie.**

- Bahá'u'lláh: Ährenlese 43:3

O Freunde!

Es geziemt euch, eure Seele zu erquicken und wiederzubeleben durch die gnädigen Gunstbeweise, die in dieser göttlichen, dieser herzerquickenden Frühlingszeit auf euch herabströmen. Die Sonne Seiner großen Herrlichkeit verbreitet ihren Glanz über euch und die Wolken Seiner grenzenlosen Gnade beschatten euch. Wie erhaben ist der Lohn dessen, der sich einer so großen Wohltat nicht beraubt noch ver-

säumt, die Schönheit seines Meistgeliebten in diesem Seinem neuen Gewand zu erkennen. Wacht über euch, denn der Böse liegt auf der Lauer, bereit, euch zu überlisten. Rüstet euch gegen seine verruchten Anschläge, und, geführt vom Lichte des Namens des Allsehenden Gottes, entflieht der Dunkelheit, die euch umgibt. Lasst euren Blick weltumfassend sein, anstatt ihn auf euer Selbst zu beschränken. Der Böse ist es, der den Aufstieg hemmt und den geistigen Fortschritt der Menschenkinder aufhält.

- Bahá'u'lláh: Ährenlese 43:5

Ein schöner Baum im Sein:

Jedes Wort, das ‚aus dem Munde Gottes' hervorgeht, ist mit solcher Kraft versehen, dass es jeder menschlichen Gestalt neues Leben einflößen kann – gehörtet ihr doch zu denen, die diese Wahrheit begreifen! Alle wunderbaren Werke, die ihr in dieser Welt seht, sind durch das Wirken Seines höchsten, erhabensten Willens, Seines wunderbaren, unerschütterlichen Planes offenbart worden. Allein die Enthüllung des Wortes »Gestalter«, das von Seinen Lippen kommt und der Menschheit Seine Eigenschaft verkündet, hat eine Kraft entfesselt, die durch Zeitalter hindurch alle die mannigfaltigen Künste hervorrufen kann, welche die Hand des Menschen auszuüben vermag. Dies ist wahrlich eine unumstößliche Wahrheit. Kaum war dieses strahlende Wort geäußert, da brachten seine

37

belebenden, in allem Erschaffenen wirkenden Kräfte die Mittel und Werkzeuge hervor, durch die solche Künste entstehen und vervollkommnet werden können. Alle wunderbaren Errungenschaften, die ihr jetzt seht, sind die unmittelbaren Auswirkungen der Offenbarung dieses Namens. In künftigen Tagen werdet ihr wahrlich Dinge sehen, von denen ihr nie zuvor gehört habt. So ist es auf den Tafeln Gottes verordnet, aber niemand kann es verstehen bis auf jene, die durchdringende Sehkraft haben...

- Bahá'u'lláh:Ährenlese 74:1

Dann antwortete er ihm, sagend: «Es ist geschrieben worden: Nicht vom Brot allein wird der Mensch leben, sondern auf (epi) jedes ‚gesprochene Wort' [hin] (rhēmati), hervorgehend vom ‚Mund' des [einzigen] Gottes (Theou)».

Jeschu(a) gemäß Matthäus 4:4

In der Tat lebend: {Der Logos, Das Wort}, welches von Gott [ist]; und aktiv, schärfer als jedes zweischneidige Schwert sowie durchdringend bis zur Trennung von Psyche (psychēs) und Geist (pneumatos); von beider Verbindung (harmōn) und von dem darin eingeschlossenem (myelōn); Gedanken richtend und Intentionen des Herzens.

Lehrmeinung aus Hebräer 4:12

O Sohn des Geistes!
Reich erschuf Ich dich, warum machst du dich selbst
arm? Edel erschuf Ich dich, warum erniedrigst du
dich selbst? Aus dem Wesen des Wissens gab Ich dir
Leben, warum suchst du Erleuchtung bei anderen als
Mir? Aus dem Ton der Liebe formte Ich dich, warum
befasst du dich mit anderem? Schaue in dich, dass
du Mich in dir findest, mächtig, stark und selbstbe-
stehend.

- Bahá'u'lláh: Verborgene Worte, Arabisch 13

O Sohn des Menschen!
Du bist Mein Besitz, und Mein Besitz vergeht nicht.
Warum fürchtest du deine Vergänglichkeit? Du bist
Mein Licht, und Mein Licht verlöscht nie. Warum
fürchtest du dein Verlöschen? Du bist Meine Herr-
lichkeit, und Meine Herrlichkeit schwindet nicht. Du
bist Mein Gewand, und Mein Gewand veraltet nicht.
So bleibe in deiner Liebe zu Mir, damit du Mich im
Reiche der Herrlichkeit findest.

- Bahá'u'lláh: Verborgene Worte, Arabisch 14

O Sohn des Menschen! An den Baum strahlender
Herrlichkeit habe Ich dir die erlesensten Früchte ge-
hängt. Warum kehrst du dich ab und gibst dich mit
Schlechterem zufrieden? Komm zurück zu dem, was
besser für dich ist im Reiche der Höhe.

- Bahá'u'lláh: Verborgene Worte, Arabisch 21

Er erzählte ihnen ein weiteres Gleichnis und sagte:
Mit dem ‚Himmelreich' ist es wie mit einem Senf-
korn, das ein Mann auf seinen Acker säte. Es ist das
kleinste von allen Samenkörnern; sobald es aber
hochgewachsen ist, ist es größer als die anderen Ge-
wächse und wird zu einem Baum, sodass ‚die Vögel
des Himmels' kommen und in seinen Zweigen nisten.

- Jeshu(a): Gemäß Matthäus 13:31

Wer nicht mit mir ist, der ist wider mich; und wer
nicht mit mir sammelt, der zerstreut. Darum sage ich
euch: Alle Sünde und Lästerung wird den Menschen
vergeben; aber die Lästerung wider den Geist wird
den Menschen nicht vergeben. Und wer etwas redet
wider des Menschen Sohn, dem wird es vergeben;
aber wer etwas redet wider den Heiligen Geist, dem
wird es nicht vergeben, weder in dieser noch in jener
Welt. Setzt entweder einen guten Baum, so wird die
Frucht gut; oder setzt einen faulen Baum, so wird die
Frucht faul. Denn an der Frucht erkennt man den
Baum. Ihr Otterngezüchte, wie könnt ihr Gutes re-
den, dieweil ihr böse seid? Wes das Herz voll ist, des
geht der Mund über. Ein guter Mensch bringt Gutes
hervor aus seinem guten Schatz des Herzens; und ein
böser Mensch bringt Böses hervor aus seinem bösen
Schatz. Ich sage euch aber, dass die Menschen müs-
sen Rechenschaft geben am Jüngsten Gericht von ei-
nem jeglichen unnützen Wort, das sie geredet haben.

- Jeshu(a): Gemäß Matthäus 12:30 folgend

Ich bin der Weinstock; ihr seid die Reben. Wer in mir bleibt und ich in ihm, wird viel Frucht bringen. Denn getrennt von mir könnt ihr nichts tun.

- Jeshu(a): Gemäß Johannes 15:5

O Sohn der Liebe! Nur ein Schritt trennt dich von den herrlichen Höhen über dir und vom himmlischen Baum der Liebe. Tue diesen Schritt, und mit dem nächsten tritt ein in das Reich der Unsterblichkeit, in der Ewigkeit Zelt. Alsdann lausche dem, was die Feder der Herrlichkeit offenbarte.

- Bahá'u'lláh: Verborgene Worte 7

Und aus den Tiefen der See:

Nachdem Er die Welt und alles, was darin lebt und webt, erschaffen hatte, wünschte Er durch das unmittelbare Wirken Seines unumschränkten, höchsten Willens, dem Menschen die einzigartige Auszeichnung und Fähigkeit zu verleihen, Ihn zu erkennen und zu lieben – eine Fähigkeit, die notwendigerweise als der gesamten Schöpfung zugrunde liegender schöpferischer Antrieb und Hauptzweck anzusehen ist. ... Auf die innerste Wirklichkeit jedes erschaffenen Dinges hat Er das Licht eines Seiner Namen ergossen; jedes hat Er zum Empfänger der Herrlichkeit einer Seiner Eigenschaften gemacht. Die Wirklichkeit des Menschen jedoch hat Er zum Brennpunkt für das Strahlen aller Seiner Namen und Eigenschaf-

ten und zum Spiegel Seines eigenen Selbstes erkoren. Aus allem Erschaffenen ist allein der Mensch zu einer so großen Gunst, einer so dauerhaften Gabe auserwählt worden.

- Bahá'u'lláh: Ährenlese 27:2

Diese Kräfte, mit denen die Sonne göttlicher Großmut, die Quelle himmlischer Führung, die Wirklichkeit des Menschen begabt hat, liegen jedoch verborgen in ihm, gleichwie die Flamme in der Kerze verborgen ist und die Lichtstrahlen als Möglichkeit in der Lampe vorhanden sind. Der Glanz dieser Kräfte kann durch weltliche Wünsche verdunkelt werden, wie das Licht der Sonne unter dem Staub und Schmutz, die den Spiegel bedecken, verborgen bleiben kann. Weder die Kerze noch die Lampe können durch eigenes Bemühen und ohne Hilfe entzündet werden, noch ist es dem Spiegel jemals möglich, sich selbst von seinem Schmutze zu befreien. Es ist klar und offenkundig, dass die Lampe niemals brennen wird, ehe ein Feuer in ihr entzündet ist, und der Spiegel niemals das Bild der Sonne wiedergeben noch ihr Licht und ihren Glanz widerspiegeln kann, ehe nicht der Schmutz von seiner Oberfläche getilgt ist[9].

- Bahá'u'lláh: Ährenlese 27:3

---

9   Nächster Absatz stellt dann klar, das dies der Offenbarung durch die Propheten Gottes bedarf, ihrer Annahme und individuelle Umsetzung der durch sie offenbarten Lebensweise.

Oh meines Strebens Zuversicht:

...Er ist und war von Ewigkeit her einzig und allein, ohne Gefährten oder Seinesgleichen, ewig in der Vergangenheit, ewig in der Zukunft, gesondert von allen Dingen, immerwährend, unveränderlich und selbst bestehend...

- Bahá'u'lláh: Ährenlese 94:1

...Gott in Seinem Wesen und Seinem Urselbst ist allzeit unsichtbar, unerreichbar und unerforschlich...

- Bahá'u'lláh: Brief an den Sohn des Wolfes 172

Durstend:

Sprich: Befreit eure Seelen, o Menschen, von der Knechtschaft des Selbstes, und läutert sie von aller Bindung an anderes als Mich. Meiner zu gedenken macht alle Dinge rein von Befleckung, könntet ihr es doch erkennen! Sprich: Wären alle erschaffenen Dinge völlig des Schleiers weltlicher Nichtigkeit und Begierde entkleidet, würde sie die Hand Gottes an diesem Tage allesamt mit dem Prachtgewand des »Er tut, was Er will, im Reiche der Schöpfung« schmücken und so das Zeichen Seiner Herrschaft in allen Dingen offenbaren. Gepriesen sei darum Er, der höchste Herr über alles, der Allmächtige, der höchste Beschützer, der Allherrliche, der Machtvollste!

- Bahá'u'lláh: Ährenlese 136:1

Dann hat der Iēsous (Jesus) zu seinen Jüngern ge-
sagt: Wenn irgendwem verlangt nach mir gekommen
zu sein; lasst ihn ,sich selbst abgewiesen haben'
(aparnēsasthō heauton); aufgehoben haben seinen
Kreuzigungsbalken' (aratō ton stauron) und folge
{er, sie} mir! In der Tat: Jeder, falls {ihm, ihr} ver-
langt {sein, ihr} Leben zu sichern, wird es verlieren.
Jeder jedoch, der sein Leben {gleichwie, möglicher-
weise} (an) verloren haben mag aufgrund von mir
(heneken emou), wird es finden.

- Jeshu(a): Gemäß Matthäus 16:24

Der Wind weht, wo er will, und du hörst sein Sausen,
weißt aber nicht, woher er kommt und wohin er geht.
So ist es mit jedem, der aus dem Geist geboren ist.

Jeshu(a): Gemäß Johannes 3:8

Ana'l Haqq:

Einige von euch haben gesagt: «Er ist es, der den
Anspruch erhebt, Gott zu sein». Bei Gott! Das ist ei-
ne grobe Verleumdung. Ich bin nur ein Diener Got-
tes, der an ihn und an seine Zeichen, an seine Pro-
pheten und an seine Engel geglaubt hat. Meine Zun-
ge, mein Herz und mein inneres und äußeres Wesen
bezeugen, dass es keinen Gott außer Ihm gibt, dass
alle anderen auf Seinen Befehl erschaffen und durch
die Wirkung Seines Willens geformt wurden. Es gibt
keinen anderen Gott außer Ihm, dem Schöpfer, dem

Auferwecker von den Toten, dem Beleber, dem Auflö-
ser[10]. Ich bin es, der die Wohltaten verkündet, mit de-
nen Gott mich durch seine Großzügigkeit beschenkt
hat. Wenn dies meine Übertretung ist, dann bin ich
wirklich der erste der Übertreter...

- Bahá'u'lláh: Gleanings From the Writings of Bahá'u'lláh 228

Wisse mit Gewissheit, dass der Unsichtbare niemals
Sein Wesen Fleisch werden lässt und den Menschen
enthüllt. Er ist und war immer unermesslich erhaben
über alles, was sich aufzählen oder wahrnehmen
lässt. Von Seinem verborgenen Orte der Herrlichkeit
aus verkündet unablässig Seine Stimme: *»Wahrlich,*
Ich bin Gott. Es ist kein Gott außer Mir, dem Allwis-
senden, dem Allweisen. Ich habe Mich den Menschen
offenbart und Ihn herabgesandt, der der Morgen der
Zeichen Meiner Offenbarung ist. Durch Ihn ließ Ich
die ganze Schöpfung bezeugen, dass kein Gott ist au-
ßer Mir, dem Unvergleichlichen, dem Allunterrichte-
ten, dem Allweisen«. **Er, der ewig vor den Augen der**
Menschen verborgen bleibt, kann nie anders als
durch Seine Manifestation erkannt werden, und Sei-
ne Manifestation kann keinen größeren Beweis für
die Wahrheit Ihrer Sendung erbringen als den Be-
weis Ihrer eigenen Person.

- Bahá'u'lláh: Ährenlese Paragraph 20:1

---

10   Im englischen mit dem Begriff slayer übersetzt.

Es war seit jeher offenkundig, dass diese Unterschie-
de in der Redeweise den Unterschieden in der Stufe
zuzuschreiben sind. Vom Standpunkt ihrer Einheit
und erhabenen Loslösung aus betrachtet, waren seit
je die Attribute Gottheit, Göttlichkeit, höchste Ein-
zigkeit und innerstes Sein auf diese Inbegriffe des
Seins anwendbar, da sie alle auf dem Throne göttli-
cher Offenbarung ruhen und den Sitz göttlicher Ver-
borgenheit einnehmen. Mit ihnen tritt Gottes Offen-
barung in die Erscheinung, durch ihr Antlitz wird die
Schönheit Gottes enthüllt. So wird die Sprache Got-
tes selbst aus dem Munde dieser Manifestationen des
göttlichen Seins vernommen. Im Lichte ihrer zweiten
Stufe betrachtet, der Stufe der Auszeichnung, der
Unterscheidung, der zeitlichen Begrenzungen, der
Kennzeichen und Maßstäbe, legen sie unbedingte
Dienstbarkeit, äußerste Armut und völlige Selbstaus-
löschung an den Tag. So hat Er gesprochen:»Ich bin
der Diener Gottes, Ich bin nur ein Mensch wie ihr«.

- Bahá'u'lláh: Kitáb-i-Iqán 2:92 folgend